AF305667

CONGRÈS INTERNATIONAL
D'ANTHROPOLOGIE ET D'ARCHÉOLOGIE
PRÉHISTORIQUES

COMPTE-RENDU

DE LA

HUITIÈME SESSION À BUDAPEST

1876

SECOND VOLUME

I. PARTIE

RESULTATS GÉNÉRAUX

BUDAPEST

EDITION DU MUSÉE NATIONAL HONGROIS

1878

RÉSULTATS GÉNÉRAUX

DU

MOUVEMENT ARCHÉOLOGIQUE

EN HONGRIE

AVANT LA VIIIe SESSION DU CONGRÈS INTERNATIONAL D'ANTHROPOLOGIE
ET D'ARCHÉOLOGIE PRÉHISTORIQUES À BUDAPEST 1876

PAR LE SECRÉTAIRE GÉNÉRAL

LE DOCTEUR FRANÇOIS FLORIAN ROMER

CHANOINE DU RITE LATIN À NAGYVÁRAD
ABBÉ MITRÉ DE SAINT JEAN BAPTISTE DE JÁNOSI, CONSEILLER ROYAL, CHEVALIER DE LA COURONNE DE FER,
MEMBRE DE L'ACADÉMIE HONGROISE &c. &c.

AVEC UNE CARTE, DEUX PLANCHES ET 119 FIGURES.

BUDAPEST

EDITION DU MUSÉE NATIONAL HONGROIS

1878

Imprimerie de la Société Franklin Budapest.

AVANT-PROPOS

Lorsque je me suis proposé de donner dans la première partie du 2ᵉ volume les *Résultats du mouvement excité à l'occasion de la huitième session de notre Congrès*, je ne pouvais avoir l'intention sérieuse de vous présenter un ouvrage parfait, ni l'énumération complète de tout ce qui a été préparé pour le Congrès par le comité d'organisation, de même qu'il ne sera pas possible d'en isoler les études faites en Hongrie, avant le Congrès, pour l'archéologie préhistorique.

Ici je voudrais seulement rectifier l'opinion désavantageuse causée par le retard apporté dans nos travaux, retard qui a aussi empêché nos compatriotes de prendre une part plus active aux séances.

Ceux de nos collègues étrangers qui désiraient que l'exposition fût autrement arrangée, et qui prétendaient que les explications eussent dû être faites d'une autre manière, ne savaient pas que les propriétaires nous avaient posé la condition de ne pas séparer leurs objets et avaient sans doute oublié que le Congrès n'avait pas lieu, cette fois en France, en Angleterre, en Italie ou en Scandinavie, où les sciences archéologiques sont nées et sont cultivées, depuis quelques dizaines d'années, par un grand nombre de spécialistes; en outre, que l'usage de la langue officielle du Congrès opposait à la plupart d'entre nous des difficultés presque insurmontables.

Si ces *Résultats*, comme nous le souhaitons ardemment, obtiennent quelque succès, s'ils offrent de l'intérêt, et font faire un pas de plus aux sciences de l'Archéologie préhistorique et de l'Anthropologie, le mérite en revient à nos chers compatriotes, qui ont employé toutes leurs forces à aider le comité d'organisation.

A l'appui de ce que je viens de dire, je vais communiquer ici, avec les noms des auteurs, les titres des cartes des comitats, ou des lieux devenus intéressants par les fouilles qui y ont été faites; je donne un court extrait de plus de mille lettres adressées au Congrès; enfin par la même occasion, j'y fais souvent mention de notre littérature archéologique, et dans les endroits où cela était nécessaire, je cite aussi les nombreuses notices que jai prises depuis 1861.

Par cet aperçu, nos collègues étrangers pourront se former une idée plus juste de nos efforts, et nos compatriotes verront avec satisfaction que tout ce qui a été communiqué par eux, et qui appartient à cette partie des *Résultats*, s'y trouve rapporté en quelques mots.

Les cartes qui ont été exposées pendant le Congrès, sont :

1. La carte archéologique du comté d'*Abauj* et de *Torna*, dressée et envoyée par la Société du Musée de la Haute-Hongrie, à Kassa.

2. La carte du comté d'*Árva*, dressée par M. Nicolas de Kubinyi le jeune.

3. La carte du comté de *Bars*, dressée par M. Alexandre Dillesz, avocat à Tild.

4. La carte du comté de *Békés*, dressée par l'ordre de la Société d'Archéologie et d'Histoire de Békés, à Gyula, par M. Ernest Sztraka, ingénieur de la ville de Csaba.

5. La carte du comté de *Bereg*, dressée par M. l'avocat Théodore Lehoczky, à Munkács.

6. Au lieu de la carte du comté de *Bihar*, nous avons reçu la liste des trouvailles, décrites par M. Louis de Gyalokay le jeune.

7. La carte du comté de *Borsod* a été dressée par M. le vicaire de Verpeléth JACQUES KANDRA.

8. La carte du comté de *Csongrád*, et la partie inférieure de *Külső-Szolnok*, dressée par M. ALBERT KOVÁCH maître de poste, à Csépa.

9. La carte du comté de *Hont*, dressée par M. FRANÇOIS DE KUBINYI, à Kóvár.

10. La carte du comté de *Liptó*, dressée par M. BÉLA DE MAJLÁTH, vice-préfet du comitat, à Andrásfalva.

11. La carte du comté de *Sopron*, dressée par le conseiller roy. M. IVÁN DE PÁUR, à Sopron.

12. La carte du comté de *Szabolcs*, dressée et envoyée par le médecin en chef du comitat, M. le docteur ANDRÉ DE JOSA.

13. La carte du comté de *Szilágy*, dressée par M. LADISLAS DE SZIKSZAY.

14. La carte du comté d'*Ung*, dressée par l'inspecteur des forêts royales, M. ANTOINE RUTTNER.

15. La carte du comté de *Vas*, dressée par M. le chanoine prémontré GUILLAUME LIPP, secrétaire de la Société d'Archéologie du dit comté, à Szombathely.

16. La carte archéologique de la *Transylvanie*, dressée par M. le prof. CHARLES GOOSS, à Segesvár.

17. La carte archéologique *générale de la Hongrie*, dressée par le secrétaire général du Congrès, dessinée par M. le cartographe royal IGNACE HATSEK. — La base de cette carte est la grande carte de l'état major.

18. La carte *des obsidiennes en Hongrie*, dressée et dessinée par les mêmes.

Parmi les cartes spéciales nous mentionnons:

1. La carte archéologique de la ville de *Békés-Gyula*, dressée par M. l'ingénieur CHARLES SCHMIDT, envoyée par la Société archéologique de Békés, à Gyula.

2. La carte *a)* de la *ville de Debreczen*, dressée par M. l'ingénieur FRANÇOIS KÁDÁR; *b)* la carte du territoire de la même ville, dressée par M. l'ingénieur SAMUEL LUCHS; *c)* la carte de la métairie du juge royal, M. ÉMÉRIC SZABÓ; toutes les trois envoyées par le même propriétaire.

3. La carte de la vallée de *Galga* (comté de Pest), dressée par M. l'ingénieur JEAN VARSÁNYI.

4. Carte archéologique des environs de la *ville de Szécsény* (comté de Nógrád), dressée par M. l'avocat ALEXANDRE PINTÉR.

5. Carte topographique *de Szihalom*, dressée par M. l'ingénieur en chef JOS. LIPKOS.

6. L'île ancienne de *Tisza - Füred*, envoyée par M. le curé ANDRÉ TARITZKY.

7. Carte topographique de la *rive de Tisza-Örvény;*

8. Les trouvailles archéologiques de *Tisza-Szöllös*, envoyées par le même.

9. La carte archéologique de *Tisza-Zug*, contenant les localités de *Szelevény* et de *Tisza-Nagy-Rév* pour expliquer les fouilles de M. SZÉLL FARKAS, dressée par M. FRANÇOIS ÉRSEK.

10. La carte de *Tiszazug* et les dessins des fouilles faites par la Société particulière des antiquaires de Tiszazug, dressée par M. ALBERT KOVÁCH.

11. La coupe de la station a l'époque de la pierre à *Tordos*, en Transylvanie, dressée par M. GÉZA ÉDER, envoyée par Mlle SOPHIE DE TORMA.

12. Coupe d'une sépulture trouvée au même lieu, envoyée par la même.

13. Topographie *de Tószeg*, par M. ALEXIS JELENIK.

Pour aider à l'étude des *tumuli*, des cimetières &c. nous avons reçu:

1. La carte des *tumuli a Wall*, dans le territoire de l'abbaye de *Bakonybél* (comté de Veszprém), dressée par M. l'employé BÉLA FRIEDRICH, envoyée par M. l'abbé mitré des Benedictins, NICOLAS DE SÁRKÁNY;

2. La carte des tumuli de *Tuskós*, prairie de Bakonybél, et

3. La carte des *Cent-collines* (Százhalmok), dans le territoire de *Szücs*, propriété de son Excellence le comte PAUL D'ESZTERHÁZY, dressée par le même M. FRIEDRICH, envoyée par M. l'abbé.

4. La carte des tumuli sur le territoire de la *ville de Derecske* (comté de Bihar), dressée et envoyée par M. JEAN LEITGEB.

5. La carte du territoire de la ville de *Hajdu-Szoboszló* (comté de Hajdu), dressée et envoyée par M. BÉLA SZIVÓS, professeur á Szentes.

6. La topographie de *Nagy-Iván* (comté de Heves), envoyée par M. ANDRÉ TARITZKY, curé de Tiszafüred.

7. La topographie du territoire de *Pátka* (comté de Fejérvár) et

8. La topographie des tumuli de *Pátka*, dressée par les ingénieurs GUSTAVE et GÉZA ZSIGMONDY.

9. La topographie du territoire de *Szalacska* (comté de Somogy), dressée par M. l'ingénieur LÉOPOLD LAJPCZIG, envoyée par lui.

10. La situation des tumuli de *Szalacska*, dressée par M. l'ingénieur ANT. DE HENCZ.

11. Le territoire de la ville de *Szarvas*.

12. Plan de la ville de *Szegvár* et son territoire, dessiné par M. LOUIS VIRÁGH.

13. Les tumuli de *Tátika*, dessinés et envoyés par M. l'ingénieur ANT. DE HENCZ.

14. La carte du territoire de la Puszta *Muhi* (Borsod), envoyée par M. le vicaire JACQUES KANDRA.

15. La carte du cimetière de *Sobor* (Sopron), dressée par M. le curé ÉTIENNE MIHÁLDY à Bakony-Sz.-László (Veszprém).

16. La carte du cimetière de *Demeterpart* près de *Szelevény* (Jász-Kun-Szolnok), dressée par M. ALBERT KOVÁCH.

Les travaux du bureau ont aussi beaucoup aidé les publications faites à l'occasion du Congrès, comme :

1. *Trouvailles de l'âge de la pierre dans le bassin du lac de Neusiedl*, par le comte BÉLA SZÉCHENYI, Budapest 1876.

Le même ouvrage a été publié par M. le comte, en hongrois et en allemand.

2. *Chronik der archäologischen Funde Siebenbürgens*, von CARL GOOSS. Im Auftrage des Vereins für siebenbürgische Landeskunde. Offert au Congrès par la société.

3. *Catalogue de l'exposition préhistorique*, par M. le docteur JOSEPH HAMPEL, contenant 178 gravures sur bois, Budapest 1876. Avec un Supplément, contenant les objets trouvés dans les contrées situées au nord des Carpathes jusqu'à la Mer Baltique.

4. *Antiquités préhistoriques de la Hongrie*, arrangées et décrites par le docteur JOSEPH HAMPEL, illustrées par le procédé Albertotypique par ALEXANDRE BESZÉDES, photographe à Esztergom. Deux livraisons, vingt-quatre planches.

RÉSULTATS GÉNÉRAUX

MOUVEMENT ARCHÉOLOGIQUE PROVOQUÉ EN HONGRIE AVANT LA VIIIe SESSION

I.

LES SILEX TAILLÉS ET LES OBSIDIENNES EN HONGRIE.

Dans mon discours,[*] je vous avais promis un supplément concernant nos travaux pour le Congrès; je voulais le faire dans la plus grande extension et avec la plus grande exactitude possibles; mais la rédaction du *Compte-rendu*, jointe à des circonstances indépendantes de ma volonté, et le changement survenu dans ma position, qui, en m'imposant de nouveaux devoirs, exige l'abandon de mon emploi au Musée National et de la capitale, ne me permettent pas de remplir entièrement ma promesse; c'est pourquoi j'ai un peu abrégé la question des *silex* taillés et des *obsidiennes*, ces témoins d'une ancienneté relativement très-grande; je me crois aussi dispensé de traiter la question concernant les objets de bronze qui ont été exposés en grand quantité, et représentés par des exemplaires vraiment intéressants, puisque cette partie sera largement discutée et très-bien illustrée par M. le dr Hampel, dans la suivante section du deuxième volume du *Compte-rendu*.

Quant aux objets de fer, comme ces trouvailles avaient souvent été regardées, jusqu'à nos jours, d'un œil indifférent, nous ne pouvons, faute de temps et aussi des matériaux nécessaires, entrer dans des discussions sur cette question importante, déjà si compliquée, et qui le

---

[*] Voir le *Compte-rendu*, volume I. page 7 et suivantes.

devient encore bien plus dans notre patrie, à cause du mouvement de tant de peuples qui ont parcouru le bassin entre le Danube et la Tisza.

Nous ne pouvons donc offrir ici, malgré toute notre application, malgré tous nos efforts, que des notices, des esquisses utiles pour les monographies qui seront publiées, nous l'espérons, plus tard.

Ces descriptions, les tables et les dessins sont des matériaux indispensables pour la composition d'œuvres plus étendues, réclamant un temps plus grand que celui dont nous pouvons disposer maintenant.

Des savants et des débutants ont commencé le travail; c'est à ceux qui viendront après eux de les compléter, de les achever.

Comme il n'y a que deux ou trois années que les *éclats et les nuclei de silex taillés* ont commencé à attirer l'attention et qu'on les a recueillis, le nombre des trouvailles est encore très-restreint, et nous avouons que la plupart n'ont pas été faites *in situ*, mais accidentellement. C'est pourquoi elles ne font qu'attester l'usage des silex, même en Hongrie, chose niée jusqu'à présent par nos anciens archéologues qui, à cause de l'absence de ces pierres, pensaient tous qu'à l'époque où les hommes se servaient d'ustensiles de pierre taillée, toute la Basse-Hongrie était couverte par les eaux de la mer.

Il faut attendre qu'on recueille partout avec discernement les silex qui, dans les endroits les plus riches, sont des éclats d'opales de différentes couleurs, car le silex proprement dit ne se trouve chez nous que dans peu de localités. La carte ci-jointe, que j'ai dressée, fait voir les endroits, où des éclats d'opales ont été signalés par nos collègues; ils sont indiqués par un *s* sur notre carte archéologique. La liste que nous donnons plus loin, indiquera en outre les noms des localités où le silex a été trouvé, mêlé aux obsidiennes.

En notant les trouvailles d'après les comtés dans l'ordre alphabétique, nous écrivons en plus gros caractères ceux où l'on a trouvé les silex en plus grandes masses.

Exprimons ici notre reconnaissance à ceux de nos compatriotes qui nous ont fourni des détails sur les trouvailles décrites et dont les noms sont communiqués dans le *Catalogue de l'Exposition préhistorique*, et dans les *Antiquités préhistoriques de la Hongrie*, arrangées et dècrites par le même dr Joseph Hampel.

*

Des silex taillés se trouvent en grandes masses sur le territoire de la ville de *Szentes* (comté de Csongrád) à un endroit appelé *rácztökei halom*. Nous devons ce renseignement à la complaisance de M. Béla Szivós, professeur au gymnase de Szentes, lequel nous a communiqué ses observations sur la contrée qu'il a visitée et où il a fait faire des fouilles.

Il y a encore un autre endroit d'un grand intérêt sous le rapport des silex; c'est la rive de l'ancien ruisseau Veker; elle a presque une lieue d'étendue et renferme des quantités de silex. On y trouve aussi des tertres, dont l'un porte le nom de *tüzköves*, c'est-à-dire le tertre des pierres à feu. Un tertre semblable se rencontre sur le territoire de Szegvár, et est aussi nommé *tüzköves*.

D'après la lettre de M. Szivós, il y a aussi à St-András (comté de Békés) un grand tumulus avec de grandes quantités de silex (lettre 132).

Il est à regretter que nous n'ayons que très-peu de renseignements sur les objets trouvés avec les silex, ainsi que sur les circonstances qui ont accompagné ces trouvailles. Mais nous espérons que l'enthousiasme témoigné par nos compatriotes, à l'occasion du Congrès, aura éveillé l'ardeur de ceux qui doutaient encore de la nécessité et méme de l'utilité de leurs recherches, et que nous aurons dans quelque temps des notes bien intéressantes sur ces objets.

*

La question des *obsidiennes* est un peu plus avancée, parce que les trouvailles datent de dix ans et ont été communiquées dans nos revues archéologiques avec des illustrations; en outre, dans le Musée National, des avis ont été affichés auprès de ces objets intéressants, afin d'attirer l'attention des visiteurs.

Sur la carte que j'ai exposée pendant le Congrès et que nous joignons ici, revue et corrigée d'après des données exactes, chacun peut clairement distinguer au moyen de la hachure, le rayon où les matériaux se trouvent originairement, et l'usage qui en a été fait dans diverses directions, principalement du côté de la Tisza et vers l'orient, jusqu'au point où l'on ne trouve plus que des pièces isolées.

Des croix † plus ou moins nombreuses indiquent les localités où l'on trouve les éclats en grandes masses, et où l'on peut en ramasser des milliers sur quelques mètres carrés.

Jusqu'à présent, nos plus grands nuclei sont ceux qui appartiennent au Musée des Réformés à *Debreczen* (voir les *Archaeologiai közlemények*, tome VII, p. 164 et A. P.* table 1, 88-90).

* Explication des abréviations :

A. E. Archaeologiai Értesitő (Indicateur archéologique).

A. K. Archaeologiai közlemények (Communications archéologiques).

A. P. Antiquités préhistoriques de la Hongrie, arrangées et décrites par le docteur J. Hampel, illustrées par M. Alexandre Beszédes. XXIV planches. Esztergom, 1876.

C. Catalogue de l'Exposition préhistorique, par M. le Dr. Hampel.

Jk. Mes livres de notices en Ms.

L. Lettres envoyées au bureau du Congrés.

MJk. Protocole du Musée National. MS.

Tr. Sz. Trouvailles — Széchenyi.

Sz. Muz. Le Musée de Szabolcs, MS.

Le n° 88 de *Hegyalja* a 14 plans, hauteur : 0·185 m. pèse : 1·030 kg. Le n° 90 de *Gálos-Petri* a 11 plans, hauteur : 0·18 m.; pèse : 0·958 kg.* Les trois autres appartenant au même collège varient de : 0·316 — 0·131 kg. Le plus grand nucleus trouvé à Mező-Keresztes (89) a 16 plans; hauteur : 0·162 m., pèse : 1·390 kg.; les lames ont : 0·13 m. de hauteur et 0·03 m. de largeur. Un autre (91) trouvé dans le *Hegyalja* et donné par M. le dr Ováry a 15 plans; hauteur 0·13 m. et pèse 0·740 kg. Les plus petits nuclei du Musée National ont 7-9 plans; hauteur : 0·028 m., pèsent 0·010 kg.

Mon intention n'est pas de répéter ce que j'ai dit dans mon discours *sur les obsidiennes* de la Hongrie, ni ce que M. le professeur Szabó a communiqué dans le *Compte-rendu*, volume I, p. 96.

Pour compléter et faciliter les recherches, j'essaie de donner une liste des trouvailles faites, d'après les comtés, où on les a trouvées.

COMTÉ D'ABAUJ.

SILEX TAILLÉS.	OBSIDIENNES.
Baskó. Jk.	Arka. C.
Dobsza (Felső-). Jk.	Baskó. Jk.
Fony.	Biste. A.É., I, 31; III, 259.
Kovácsvágás.	Bozva.
Regéczke. A.É., III, 60.	Czekeháza. C.
Szántó.	Erdő-Horváthi. I. 171.
Zsujta. A.É., III, 259.	Felső-Dobsza.
	Fancsal. A.É., III, 20, 105.

* Mr. Jean Kovács, professeur au Collège des Réformés à Debreczen, dit dans son communiqué : *A történelem előtti korszak nyomai a tiszai Alföldön, a Sarrét vidékén,* (lettre 1019a.) qu'en 1847, il a présenté à la société des naturalistes un nucleus d'obsidienne, trouvé à Gálos-Petri. Ce nucleus avait 13 plans, et 0,15 m. de hauteur. Mr. Kovács suppose que cette pièce rare ainsi que les trois haches en pierre polie qui étaient déposées chez M. François Kis, ont été perdues pendant le siège de Bude.

SILEX TAILLÉS. OBSIDIENNES.

Fony. C.
Gibárt. Jk. A.É., III, 60.
Györke. A.É., III, 259.
Izra (Puszta). A.É., I, 31.
Kajata. A.É., I, 31.
Korlát.
Kovácsvágás. A.É., I, 31.
Mikóháza. A.É., I, 31; III, 259.
Petatetó.
Pusztafalva. A.É., I, 31.
Radvány.
Regéczke. Jk. A.É., III, 60.
Sina, A. É. III. 60.
Szaláncz.
Szántó. Jk. A.É., I, 31; III, 259.
Ujvár (Aba-). A.É., III, 259.
Vily. A.É., I, 31.
Zsujta. Jk.

COMTÉ D'ARAD.

Ó-Paulis. C.

Uj-Paulis. C.

COMTÉ DE BARANYA.

Görcsöny. A.É., III, 148.
Ocsárd. A.É., III, 149.
Pécs. Jk. A.É., I, 3.
Szilvás. A.É., II, 237.

Pécs. A.É., III, 24.
Szilvás. A.É., VII, 161.

COMTÉ DE BARS.

Nemes-Oroszi. Jk.

A la frontière du comté de Nyitra.
A.É. VII, 161; A.É., III, 24.

COMTÉ DE BÉKÉS.

Szarvas. C. et ibid. (l. 394).
Szent-András (l. 149 et 394).

Gyoma (l. 239).
Öcsöd (l. 394).
Szarvas ††. C.

SILEX TAILLÉS.

OBSIDIENNES.

Szeghalom (l. 1019 de M. le professeur Kovács). *Ibid.*

Szent-András. *Ibid.*

COMTÉ DE BELSÖ-SZOLNOK-DOBOKA.

Köfarka. A.É., III, 243.
Kudu A. É., II, 258.

Köfarka. A.É., III, 243.

COMTÉ DE BEREG.

Munkács. Ik.
Závidfalva. A.É., I, 313.

Beregszász (l. 117).
Munkács †.
Závidfalva †††. A.É., I, 313; II, 130, 70. Hárshegy.

COMTÉ DE BIHAR.

Bél.
Kis Ürögd.
Nagy-Várad.
Váncsod.

Bojt. A.É., II, 62, 149-152 (l. de M. le professeur J. Kovács à Debreczen no . 1019,
Derecske.
Élesd.
Gálos-Petri. C. A É., I, 31 ; II, 62 (l. 1019).
Gyánté. (l. 1019).
Iklód. *Ibid.*
Kis-Marja. *Ibid.*
Kis-Ürögd. M.Ik. 1873. 78.
Mező-Keresztes †††. A.K., VII, 161. A.É., I, 31, 56 ; II, 62, 149 à 152 (l. 1019).
Nagy-Várad. C.
Váncsod, A.É., II, 149-152.

COMTÉ DE BORSOD.

Ders. M.Ik.
Domaháza. C.
Felsö-Tárkány. A.-É., I, 126.
Miskolcz. (l. 703.)
Muhi (l. 525 a).
Sajó-Németi (l. 703).
Szihalom. A.É., I, 126.

Ároktö. A.K., VII, 161. — A.É., I, 56 (l. 525 a).
Borsod (l. 703).
Erdö-Kövesd.
Felsö-Tárkány. C. A.É., I, 126.
Imola, dans la forêt, (l. 703).
Kis-Tálya. (l. 525 a).

<table>
<tr><td>SILEX TAILLÉS.</td><td>OBSIDIENNES.</td></tr>
</table>

Muñi. *Ibid.*
Montaj. *Ibid.*
Sajó-Németi (l. 703).
Szihalom. Ik. C. A.É., I, 126
(l. 525 *a*).

COMTÉ DE CSONGRÁD.

Szegvár (l. 149).	Csongrád.
Kápolna (l. 234).	Héked (Puszta-).
Szent-András (l. 157).	Szegvár.
Szentes. C. (l. 132, 149, 157.)	Szentes. C. (l. 157.)
Töke-(Rácz) (l. 132, 157).	Töke (Puszta-).

COMTÉ DE FEJÉR.

Duna-Pentele. Jk.

COMTÉ DE GÖMÖR.

Agtelek †††.	Söreg. A.É. VI. 167.
Jánosi.	

COMTÉ DE GYÖR.

Babót (Kis-). Jk.	**Koronczó** ††. A.É., II, 119; III, 24.
Börcs, A.K. VII, 165.	
Csécsény. A.K., VII, 165.	
Koronczó. C. Jk. A.É., I, 3; II, 149.	

COMTÉ DE HAJDU.

Debreczen (ancien Bihar). A.É.,
II, 149-152.
Egyek (ancien Szabolcs).

COMTÉ DE HEVES.

Füred (Tisza-). C. (l. 824.)	Ecsed.
Igar (Tisza-). C.	Füred (Tisza-). C. (l. 119, 824.)
Örvény (Tisza-). C.	**Igar (Tisza-).** C. Ik.
Szöllös (Tisza-) (l. 119, 824.)	Örvény (Tisza-). C. (l. 119.)
	Sirok.

COMTÉ DE HONT.

Magyarad. C. nucleus.

COMTÉ DE HUNYAD.

SILEX TAILLÉS.	OBSIDIENNES
Nándorválya ✝✝✝ (l. 411).	Nándorválya (l. 329).
Tordos (l. 168).	**Szászváros.**
	Tordos (l. 329. 411).

COMTÉ DE JÁSZ-KÚN-SZOLNOK (ancien Comté de Heves- et Külsö-Szolnok).

Czibakháza (l. 102).	Balla (Puszta-).
Csépa (l. 99, 102.)	Csépa.
Kúnhegyes (ancien Nagy-Kunság).	Istvánháza.
Ik.	**Mezö-Túr** (l. 394).
Mezö-Túr (l. 394).	**Nagy-Rév** ✝✝ (l. 102.)
Nagy-Rév (l. 102. 140).	**Szelevény** ✝✝✝. C. (l. 102).
Szelevény. C. (l. 102, 335, 397.)	Török-Sz.-Miklós. C.
Ugh. C.	Ugh. C.

COMTÉ DE KOLOS.

Magyar-Bikal. A.K. VII, 161;
A.É., I, 56.

COMTÉ DE KOMÁROM.

Kis-Bér. A.É., I, 3.	Kis-Bér. A.É., III, 24.
Naszvad.	

COMTÉ DE LIPTÓ.

Liszkófalva.
Párizsháza.
Rózsahegy.

COMTÉ DE MOSONY.

Alsó-Illmicz ✝. C. (l. 482.)

COMTÉ DE NÓGRÁD.

Dolány. C.	Drahi (Puszta-). C.
Mohora. Jk.	**Dolány** (Puszta-) ✝✝. C.
	Nézsa.
	Szirák.

COMTÉ DE NYITRA.

Morovan. A.É., VII, 165 (l. 8).	Család (?). M.Jk.

COMTÉ DE PEST.

SILEX TAILLÉS. | OBSIDIENNES.

Bottyán.

Kis-Sz.-Miklós. M. Jk.

Tápio-Ságh. (l. 272.)

Tápio-Szele. *Ibid.*

Tápio-Sz.-Márton-Káta ††. M. Jk.,
    (l. 272.)

Tököl (l. 317).

Tószeg. Jk.

Vácz. A.K., VII, 165. — C.

Vácz-Hartyán.

Vörösegyház. Jk.

Kis-Sz.-Miklós.

Tószeg. C. (l. 417.)

Valkó.

COMTÉ DE SÁROS.

Tehány. Jk.

Longh. C.

COMTÉ DE SOMOGY.

Szalacska (l. 787).

COMTÉ DE SOPRON.

Czenk. Tr. Sz.

COMTÉ DE SZABOLCS.

Ajak †. Sz. Muz.

Anarcs. Jk. A.É., III, 174.

Ibrány. Sz. Muz.

Kis-Várda. Jk.

Nagy-Kálló. A.É., III, 74.

Ajak (l. 54).

Anarcs. A.É., III, 282.

Csere (Kis-). Sz. Muz.

Hugyaj †††. Jk. Sz. Muz. A.É.,
    III, 174.

Nagyfalu (l. 774).

Nagy-Kálló †††. Sz. Muz. A.É.,
JKIII, 174-176.

Pazony.

Polgár. A.É., I, 31.

COMTÉ DE SZATHMÁR.

Rozsalj, couteau. Jk.

Sárköz-Ujlak.

COMTÉ DE SZEPES.

Haligócz. Jk.

COMTÉ DE TOLNA.

SILEX TAILLÉS.   OBSIDIENNES.

Belácz. Jk.

COMTÉ DE TORDA.

Toroczkó. Jk.

COMTÉ DE TORONTAL.

Borjas (l. 906).

COMTÉ D'UDVARHELY-SZÉK.

Entre Bardócz és Bibarczfalva
   (l. 484).

COMTÉ D'UNG.

Csertész (l. 669).   Berezna. A.É., II, 316.
Lucska (l. 152.)   Gézsény.
Nagy-Kapos. M.Ik.   **Kerész †††.** Ik Sz. Muz. A.É.,
Pinkócz (l. 21).   III, 282
Szerednye (l. 669).   Lucska. C. (l. 152.)
                                  Mogyorós. A.É., III, 282.
                                  Mokcsa. A.É., III, 24.
                                  Szalacska (Kis-).
                                  Szerednye.
                                  Ungvár.

COMTÉ DE VAS.

Herény. C.
Szombathely. C.
Kis-Unyom. M.Jk.

COMTÉ DE VESZPRÉM.

Bakony-Sz.-László †††. C.   **Bakony-Sz.-László †††**
Románd. †††. M.Ik. (l. 678.)
Százhalom.
Szücs ††. Ik. (l. 113.)
Tamási (l. 678.)

COMTÉ DE ZEMPLÉNY. *

SILEX TAILLÉS.	OBSIDIENNES.

OBSIDIENNES.

Abara. C. A.É., III, 282.

Bari. A.É., III, 282.

Erdőbénye. A.K., VII, 161. —
A.É., I, 56. — C.

Károlyfalva. A.É., I, 31.

Kázmér. C.

Kohány (Kis-). A.É., I, 31.

Körtvélyes (Puszta-). Jk. A.É., I, 31.

Liszka. C.

Mád. C.

Nagy-Kövesd. Jk.

Pazdics. Jk. — A.É., III, 218;
IV, 163. — C.

Rákoshegy et Tornya. Jk.

Rudabányácska.

Sátorallya-Ujhely †††. C. (l. 171.)

Szerdahely. A.É., I, 31.

Szöllöske (l. 171.)

Szomotor. A.É., I, 31. — (l. 760.)

Tállya. C.

Tokaj. C.

Tolcsva. A.É., I, 31.

Ujlak (Bodza-).

Velejte. Ik.

* Voir H. WOLF, *Culturschichten in der
Bodrogebene. . . . Verhandl. der k. k. geol.
Reichsanstalt in Wien*, Nr. 13. 1868.

*

Qu'il me soit permis, ici, de remercier bien vivement
Mr. Nagy Géza, un de mes anciens élèves, de la peine
qu'il s'est donnée pour mettre en ordre les listes qui accom-
pagnent ces études.

II.

LES TERRAMARES EN HONGRIE.

Jusqu'à l'année 1876 ce n'est qu'après les inondations annuelles qu'on a fait des recherches dans les colonies et les mansions romaines; et les rives d'Ó-Szöny, de St-Endre, de Vieux-Bude, d'Adony, de Duna-Pentele, &c., ont toujours fourni nombre d'objets antiques. C'était alors, pour la capitale, l'époque de la moisson des archéologues; car les pécheurs, les meuniers et les chercheurs de profession apportaient leurs trésors, soit aux antiquaires de Budapest, soit au Musée National.

Un heureux hasard, si l'on peut s'exprimer ainsi, a fait coïncider cette année, malheureusement célèbre par ses inondations immenses et terribles, avec l'année du Congrès à Budapest; et les habitants des rives du Danube et de la Tisza, animés par mes articles communiqués dans le *Hon*, et reproduits par la plupart des feuilles publiques répandues dans les contrées où avaient eu lieu les désastres, y ont trouvé des objets d'un vif intérêt pour nos études et pour notre exposition.

De Virágos-Pereg (comté de Pest, vis-à-vis de Ráczkevi, de Tököl, d'Abony-Tószeg, la direction du Musée National a été avertie que les cimetières de ces localités et de plusieurs autres encore ayant été bouleversés par les eaux, on y avait recueilli une quantité d'antiquités, bien importantes pour les collections préhistoriques. C'est pourquoi le 9 avril M. le dr Hampel, l'ingénieur royal M. G. Zsigmondy et moi nous nous sommes rendus à Virágos-Pereg, où le notaire, M. Laurent Későy, voulant nous servir de guide lui-même, nous a fait voir les endroits où, après l'éboulement des tombeaux, on avait trouvé des pots de grandes dimensions, mais tous cassés par les paysans. De là, nous avons immédiatement visité le champ d'*Émeric Gránitz* près de *Nekeresdi Csárda* où est situé le cimetière. A 400 pas de la csárda, vers le sud-est, nous avons remarqué que 0·48 m. de terrain avaient été emportés par les eaux. Après ce désastre, à la profondeur de 0·32 m., nous avons trouvé, posées en rangées régulières, en quinconces, de grandes urnes dont tous les cols avaient été brisés et emportés par la charrue; les corps qui restaient avaient 0·50 m. de hauteur, et 0·70 m. dans leur plus grand diamètre qui se trouve, dans tous les exemplaires, au dessus de la moitié de la hauteur. Il nous a été difficile d'obtenir une urne intacte; la plupart étaient cassées, et ont été restaurées au musée. En voici une avec son couvercle (fig. 1).

Fig. 1

Comme le propriétaire de Pereg ne nous avait permis les fouilles que pour un jour ou deux, nous n'avons pu y recueillir que quelques urnes. Dans la grande ile de Csepel ou de Ráczkevi, sur la rive ouest, vis-à-vis de Batta, à Tököl, plusieurs exemplaires de poteries peu ordinaires ont été aussi trouvés et apportés au musée; ce qui nous fait supposer que, le long du Danube, comme aussi le long de la Tisza, de nombreux restes ont été déterrés, mais que la plupart, considérés comme des tessons inutiles, ont disparu ou ont été détériorés par l'ignorance du peuple.

De toutes ces localités, celle qui a obtenu la plus grande célébrité est, sans contredit, *a)* TÓSZEG (comté de Pest) près de l'ancien lit de la Tisza, au sud de la ville et de la station de Szolnok.

M. François Márton (connu comme écrivain sous le nom de Abonyi Lajos), l'un des propriétaires d'Abony, ville dont le territoire s'étend jusqu'à Tószeg, avait eu la bonté de m'envoyer quelques spécimens des trouvailles faites sur le bord de l'ancienne Tisza, où les eaux impétueuses de l'inondation avaient creusé le terrain, et

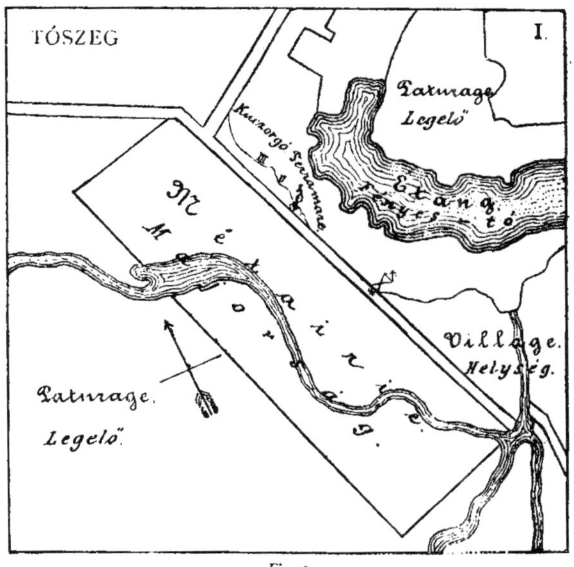

Fig. 2.

avaient laissé, en se retirant, la partie inférieure de la rive, comblée de toutes espèces d'ustensiles et de rebuts de l'ancien monde, sans que les habitants, qui passaient à pied par là, accordassent un regard à ces choses si dignes, par elles-mêmes, de piquer la curiosité.

Le 4 mai 1876, accompagné de M. Márton et de M. Alexis Jelenik, étudiant en médecine, je suis arrivé à l'endroit appelé aujourd'hui Kuczorgó-domb, afin d'étudier cette localité (voir I. le plan de Tószeg fig. 2). Étant descendus de voiture avant d'arriver à la *csárda* (auberge) nous avons vu une terrasse d'environ 8 mètres de hauteur, d'une étendue de plusieurs centaines de mètres, et dont la largeur est aussi respectable. Au pied de cette terrasse, la boue un peu séchée était pleine de débris, d'ossements; partout des couches de coquilles, de charbons, de cendres, comme on en voit autre part, des deux côtés, le long de la Tisza. Il est probable que cet endroit était autrefois un établissement fortifié, de la forme d'un cratère, caché et défendu par de hauts remparts, et où l'on pouvait allumer du feu, même pendant les grands vents qui régnent dans ces pusztas, circonstance que l'on peut observer encore aujourd'hui chez nos paysans qui, lorsqu'ils travaillent dans les plaines, y creusent des fosses pour y allumer en plein air le feu nécessaire pour faire leur cuisine.

Telle fut aussi ma première idée pour expliquer ces couches ondulées, formées de cendres, de masses de coquilles, et ces plaques rouges, d'une certaine épaisseur, mêlées de paille, de roseaux et d'herbes, qui rappellent cette espèce de torchis dont nos paysans enduisent le sol de leurs chambres, ou recouvrent les claies formant l'intérieur de leurs murs qu'ils polissent ensuite avec la main.

J'étais d'autant plus persuadé de la justesse de mon idée, que j'avais déjà trouvé ailleurs des camps en forme de cratère; par exemple à Vaskút (comitat de Bács) près d'un groupe de grands tumuli.

Je ne veux indiquer ici que les couches d'une section de 40 mètres de longueur, dont la hauteur est de dix mètres. En prenant pour point de départ le niveau qu'a atteint l'inondation (voir la coupe II. de Tószeg fig. 3), j'ai trouvé, à la base, des couches *c, c, c,* noirâtres, saturées de charbon, variant avec des couches d'argile, *b, b, b,* de la

forme d'un segment de lentille, et formant toutes des lignes
ondulées; puis, au dessus du charbon, se trouvaient,
en différents endroits, de longues couches de terre rouge,
alternant avec d'autres d'environ deux à trois centimètres de hauteur, formées de coquilles et d'écailles de poissons. L'ensemble offre l'aspect d'îlots, dispersés dans un
terrain préparé artificiellement pendant un long séjour
que des hommes ont dû faire sur les bords du fleuve.

Avec la permission de MM. les propriétaires de ce

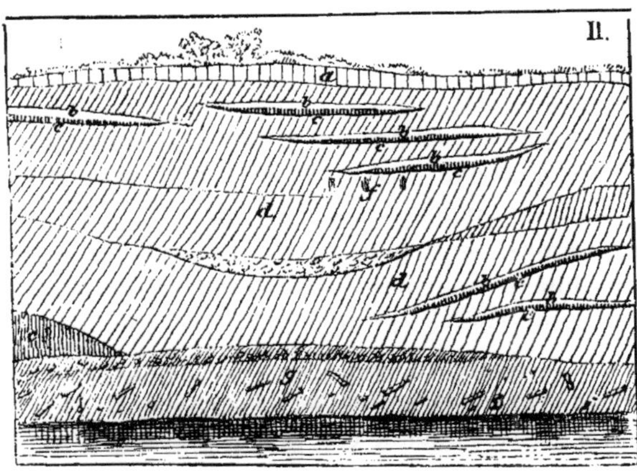

Fig. 3.

terrain et les compossesseurs du domaine d'*Abony*, lesquels
ont eu l'obligeance de mettre à notre disposition un
grand nombre d'ouvriers, et aidés par toute la jeunesse
du village, nous avons exécuté de grandes fouilles, et
fait une abondante moisson; nous avons choisi, pour le
Musée National, les objets les plus intéressants, qui ont
rempli plusieurs caisses. La plupart des ossements sont
restés déposés chez M. le curé Émeric Dolenszky, qui
nous avait secondés dans nos recherches, et reçus avec
la plus grande cordialité; c'était d'autant mieux que,

comme je l'ai appris plus tard, M. Virchow a fait une riche récolte dans ce dépôt.

Ayant été forcé, pour ma part, de cesser les fouilles, M. Jelenik les a continuées jusqu'au 7 mai, et les a reprises du 19 juin jusqu'au 28 du même mois

Les résultats ont été surprenants; car, en ne citant que les objets exposés au musée, nous avons eu, d'après le calcul de M. Jelenik, *(Archaeologiai Értesítő*, tome X, p. 282):

Objets en pierre	39	pièces
» en os	147	»
» en corne de cerf	115	»
» de poteries	259	»
» en argile	80	»

en tout 640 pièces, somme que l'on pourrait facilement élever jusqu'à 6000, si l'on voulait compter toutes les pièces trouvées; comme il aurait fallu en remplir deux ou trois wagons, on a négligé de les recueillir.

Pour donner une preuve du grand intérêt excité par l'exposition de Tószeg, il suffit de dire que, pendant le Congrès, Mlle Mestorf, MM. Pigorini et Virchow, sous la conduite de M. de Harkányi, Mlle Polyxène et M. Charles de Pulszky, et M. Jelenik ont fait à Tószeg, une excursion dont les résultats ont été communiqués: par Mlle J. Mestorf *(Der internationale Anthropologen- und Archeologen Congress in Budapest;* Hamburg, Otto Meissner, 1876. p. 56); par M. Luigi Pigorini (dans son article de : *Terremare Ungheresi)* et par M. le professeur Virchow (dans son discours sur : *Terramare an der Theiss, und über ungarische Alterthümer überhaupt* (Berliner Gesellschaft für Anthropologie, Ethnologie und Urgeschichte; Sitzung vom 18. nov. 1876. n° 29).

Le mouvement archéologique dans la *Tiszazug* (coin de la Tisza) nous a fait découvrir plusieurs endroits d'un grand intérêt. Quant au nom composé de Tiszazug, il a été donné à la partie méridionale du comté de Jász-Kun-Szolnok (l'ancien Szolnok) comprise entre la Tisza et le Körös. Grâce aux profondes études, aux grands sacrifices de M. Széll Farkas et au zèle de quelques-uns de ses amis, tout le voisinage de Kun-Szent-Márton a été l'objet de travaux sérieux concernant l'archéologie préhistorique.

Le mérite de M. Széll, qui a commencé ce travail et a été encouragé par les résultats obtenus par ses amis, est incontestable; c'est lui qui le premier a apporté au Musée National des échantillons de silex taillés, des objets en os, des coquilles et des écailles. Voyant le résultat de ses fouilles et excité par mes encouragements, il a continué ses recherches dans les localités de:

b) NAGY-RÉV, semblable à Tószeg, à Tisza-Földvár (où il a trouvé des bronzes) et principalement à Szelevény. Dans tous ces endroits, ses efforts ont été récompensés par une récolte abondante d'objets, libéralement donnés par lui au Musée National.

De Szolnok, en allant à Kun-St-Márton, on voit à droite et à des distances inégales, des tumuli qui atteignent, quelques-uns du moins, des dimensions surprenantes. Les uns servaient ou servent même aujourd'hui de bornes aux territoires; d'autres ont été convertis en vignes, ou en cimetières; la plupart étaient appelés du nom des propriétaires ou de la propriété; d'autres tiraient leurs noms de leur forme ou du voisinage; enfin plusieurs avaient un nom trivial; ce sont ceux qui se trouvent près d'une *csárda*, ou sur lesquels les *csárdas* sont bâties; mais depuis que l'archéologie a pris possession de ces monuments, les anciennes dénominations ont été remplacées par des noms scientifiques octroyés par des amateurs, et ce sont naturellement les plus récents.

Quoique une partie de ces tumuli soient consignés

dans les cartes géographiques, par exemple dans l'atlas de M. Görög, il est néanmoins impossible de les reconnaître, même dans un seul comté; c'est qu'ils ne sont pas encore numérotés, malgré mes prières, qui sont restées vaines jusqu'à présent.

Le 12 octobre 1876, j'ai accepté l'invitation de mon ami Széll, pour explorer les localités découvertes et exploitées par lui, dont le zèle a porté la renommée de cette contrée non-seulement dans notre patrie, mais même, depuis le Congrès, bien au delà de nos frontières.

Une de ces localités, la première était le *Áldozó halom* (le tumulus du sacrifice), selon les archéologues locaux, situé sur le territoire de Nagy-Rév; il était déjà connu auparavant, même du patriarche de l'archéologie préhistorique en Hongrie, François Kubinyi l'aîné, mais il n'est devenu dignement célèbre qu'après les fouilles de M. Széll.

Après avoir vu les objets trouvés par mon zélé ami, je suis allé, le 14 octobre 1876 à l'*Áldozó halom* dont le propriétaire est M. Kubinyi; son fermier, M. Martin Feiler, qui demeure ordinairement à Szentes, m'a secondé, dans cette circonstance, avec la plus grande prévenance.

Sur un terrain occupé il y a plusieurs années par de grandes tuileries, le sol était tout bouleversé; et comme les ouvriers n'examinaient pas le contenu de l'argile, on peut s'imaginer quelle quantité d'objets ont été perdus!

J'ai travaillé avec cinq ouvriers dans ce terrain, dont je donne ici le dessin fidèle. Sous I. et II. (fig. 4). Il est à remarquer que jusqu'à deux mètres de la partie supérieure *a*, les objets sont rares, tandis que plus bas on trouve de grandes masses de cendres *c, c*, des restes de paille et d'herbes brûlées, puis des couches de coquilles et d'écail-

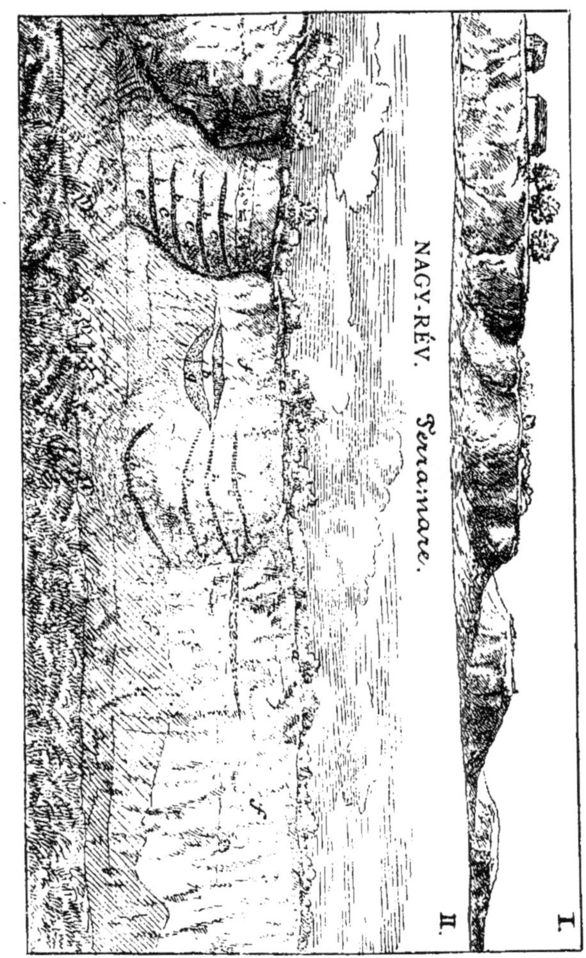
NAGY-RÉV.
Terramare.
I
II
Fig. 4.

les *g* des ossements et des mâchoires de quadrupèdes *e*,
mais peu de poteries ou d'ustensiles en os. *

Les objets trouvés, qui ressemblent beaucoup à ceux
de Tószeg, même quant à la place qu'ils occupaient, ont
également été offerts par M. Széll au Musée National.
Quoique j'aie cherché avec la plus grande assiduité les
traces des poteaux indiqués par M. Pigorini, je ne les
ai trouvées ni là, ni à Tószeg, colonie que nous avons

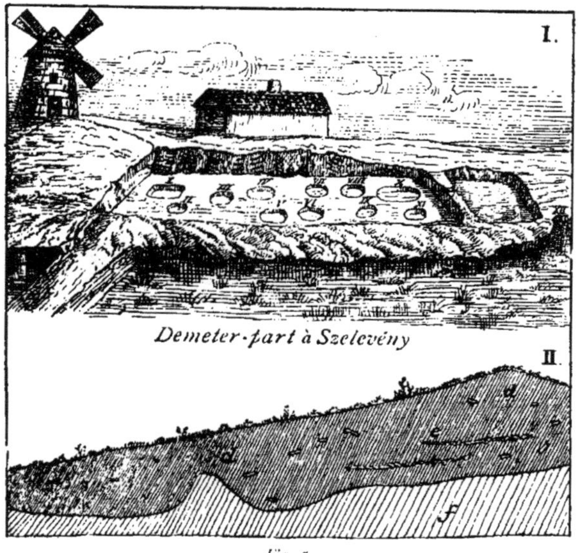

Fig. 5.

étudiée avec M. Széll d'après les études des *Terremare
Ungheresi* dans l'espoir de pouvoir constater l'existence
de ces poteaux ; à moins cependant que, dans le profil
II. de Tószeg, ils ne soient représentés par *f, f, f* fig. 5.

---

* Selon la détermination de M. le dr Károly elles viennent des
Cyprinus carpio L., d'*Esox lucius L.*, de *Lucioperca Sandra Cuv.*,
et de *Silurus glanis L.*

Ces grandes ondulations des couches inférieures que nous montrent les dessins, et que nous ne voyons pas dans les parties supérieures, ainsi que l'absence d'objets anciens dans ces mêmes parties, légitiment la supposition que de fortes inondations ont chassé l'homme de ces endroits, et ont comblé, en y apportant de grandes masses de terre, les trous et les cratères que celui-ci y avait creusés. (Voir l'excursion à Virágos-Pereg p. 19.)

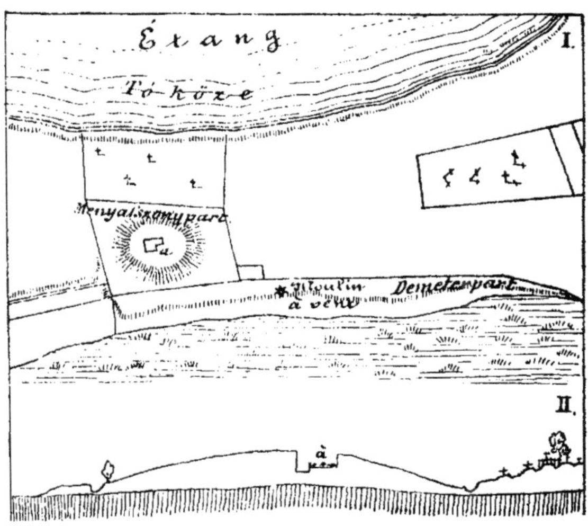

Fig. 6.

c) SZELEVÉNY (dans le comté de Jász-Kun-Szolnok), est aussi devenu, depuis une année, une localité célèbre, à la suite des visites réitérées qu'y ont faites nos confrères archéologues de Tiszazug, pour assister aux fouilles dirigées par MM. Széll Farkas, Elek Salomon et Kovách Albert qui a exécuté les dessins publiés dans l'ouvrage lithographié intitulé: *A Tiszazugi 1876-ik évi ásatásainak leírása.* (Description des fouilles à Tiszazug, l'an 1876.)

La localité située près d'un moulin à vent s'appelle *Demeter part*; (voir I, II, fig. 5 et 6) le terrain fouillé a 53·10 m. de longueur et 15·60 m. de largeur. Lorsqu'on a commencé les travaux, le sol avait déjà été abaissé d'un mètre; différence qui provenait de la terre enlevée pour la construction d'une digue dans un marais, et où M. Elek avait sauvé de la destruction 26 pots intacts, de différentes grandeurs; une quantité d'autres avaient été brisés et jetés de côté.

Pour montrer combien cet endroit était riche en

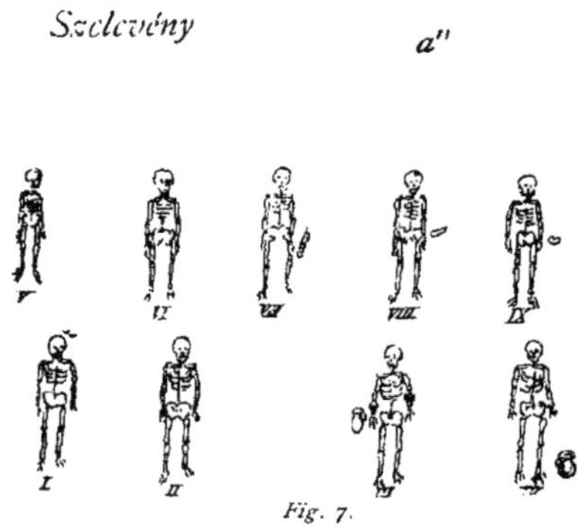

Fig. 7.

silex taillés, il suffit de mentionner que M. Széll y a ramassé en quelques heures 897 morceaux de silex (voir sa lettre nro 335) et qu'avant l'exposition préhistorique il a annoncé plus de 2000 silex, couteaux, nuclei et pointes de flèches recueillis à Szelevény (lettre 397).

Dans les trous I et II (fig. 7) on n'a trouvé que des os et des tessons; ceux de III à VIII ne contenaient également que des fragments de poteries, des os d'animaux et des coquilles.

Le IX, (fig. 5 I.) d'une forme arrondie, d'un mètre de diamètre et d'une assez grande profondeur laissait voir des parois d'argile jaune et dure. Vers le milieu était le squelette (fig. 8 *a*) d'un homme, probablement dans la position d'un homme assis, car les bras et les pieds se trouvaient ramassés autour du crâne. Les objets trouvés sont : un marteau intact en corne de cerf, un bois de chevreuil, une pointe de flèche en os perforée, (fig. 8 *d*), (voir I. vol. 697) des défenses de sanglier, une dent de chien, un fragment de bois de cerf et un amas de cendres.

De la fosse X (fig. 5, I) on a retiré un morceau de pierre à aiguiser en grès, un couteau fait d'une défense

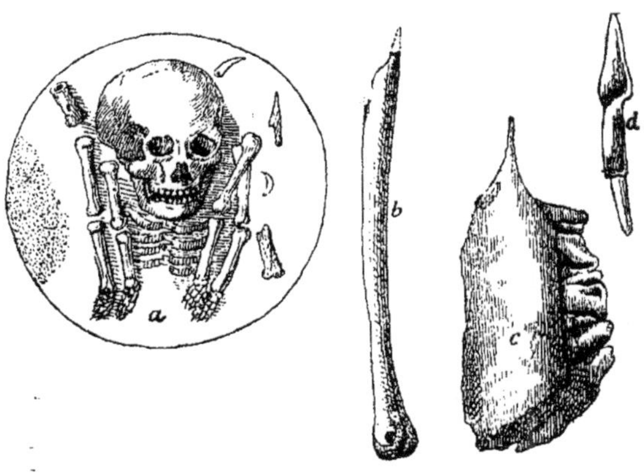

Fig. 8.

de sanglier, un poinçon en os ; un marteau un peu pourri en corne de cerf, deux dés en argile, une petite table en argile avec des trous, un fragment d'une petite poterie en forme de nacelle, des fragments noirs de pots, auprès desquels se trouvaient des écailles, deux espèces de coquilles d'eau douce et différents os d'animaux.

Tous ces objets ont été donnés au Musée National, par messieurs nos collègues.

A Szelevény, les fouilles ont été continuées le 4 novembre en présence de MM. Széll, Schweiger, Elek, André Toth et Kovách.

Au sud des anciennes sépultures, sur la rive inondée, on a commencé à creuser une fosse d'un mètre carré et de la profondeur de trois pelles; mais, hors un ciseau en os poli, on n'y a trouvé que quelques tessons de nul intérêt.

Pendant que l'on s'occupait de ce travail, M. Elek a attiré notre attention sur une double rangée de taches rondes, à l'est de l'endroit où nous nous trouvions, entre le nouveau cimetière et le village de Szelevény, près du marais de Tóköz. C'est surtout après la pluie qu'on distingue clairement ces taches, qui deviennent alors plus foncées; indice certain d'un sol plus friable, absorbant plus facilement l'humidité. Nousnous sommes empressés d'aller les examiner. La couche supérieure est formée d'une argile bien dure jusqu'à 0·63, ce qui s'explique facilement, puisque la route y passant, le terrain y a été très-comprimé; en regardant attentivement la partie inférieure, nous n'avons pas eu de peine à remarquer que ce n'était que de la terre rapportée, car des fragments de têts et d'os y apparaissaient en quantité. Puis, à la profondeur d'un mètre, nous avons recueilli de la cendre, des charbons, des coquilles, des os, des tessons et de la terre cuite, principalement des fragments de fours à cuire le pain, tels que ceux que l'on nomme encore aujourd'hui *banya-kemencze*, c'est-à-dire four des vieilles.

Au dessous de cette couche on a trouvé :

Une plaque d'un centimètre d'épaisseur, bien cuite, rouge, avec un trou d'un centimètre de diamètre; une grande quantité de cendres; une couche triangulaire de charbons, ressemblant à des restes de paille brûlée, ou plus vraisemblablement de joncs, de laîches ou d'autres plantes aquatiques, et enfin :

Un morceau long de 5 centimètres de roseau carbonisé, avec son nœud encore visible; des ciseaux et des poinçons en os, au nombre de cinq; l'un de ces derniers est remarquable, parce qu'il est fait d'une mâchoire, (fig. 8 *c*) comme le prouvent les dents encore bien conservées; un ciseau fait d'une côte, un couteau en os, un autre en obsidienne, d'une grandeur remarquable; une pointe de flèche en os, (ibid. *d*) délicatement travaillée; une épingle en os de la grosseur d'une plume, et dont la partie noduleuse est perforée comme un passe-lacet (ibid. *b*); malheureusement la pointe en est cassée.

Au fond de la fosse, on a recueilli, près du sol primitif, une amulette en os, ronde, de 0·04 m. d'épaisseur, et percée de deux trous; l'une des faces était polie et l'autre rugueuse; et enfin le pied d'un vase d'argile **rouge**, haut de 0·035 m. et d'un diamètre de 0·05 m.

d) KEMÉNYTETŐ (le sommet dur), sur le territoire de Tisza-Ugh (Jász-Kun-Szolnok) ancien Heves et Külső-Szolnok.

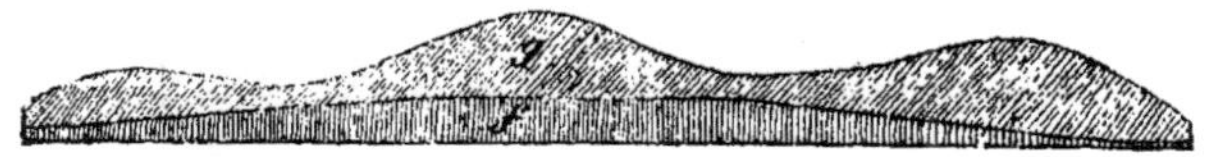

Fig. 9.

Près de Ugh, dans la propriété d'un de mes anciens et chers élèves, M. le baron Émeric Fechtig, il y a trois tumuli. Le propriétaire ayant remarqué que la terre labourée *g* était parsemée de tessons, d'ossements et de morceaux de pierre eut l'idée de faire des recherches sur l'un de ces tumuli, sur le troisième qui est situé vers le sud du village, et qui peut être considéré comme la limite des terres inondées.

MM. Széll, Schweiger, Kovách et Eördögh s'y sont aussitôt rendus, et l'on a commencé les fouilles du côté où la rive est plane, sur une longueur de 8 mètres et à la profondeur de 2·50 m.

A la profondeur de 0·70 m. est apparu d'abord un bel outil en os; à 0·90 m., dans une couche de cendres,

gisait la partie supérieure d'un crâne portant sur le front
les traces visibles d'une ancienne lésion, et ayant l'os
supercilial brisé *a* (voir fig. 10); les autres parties
manquaient; puis, au milieu d'une quantité d'os et de
tessons, on a recueilli un morceau de silex et un d'obsidienne.

A 0·60 m. de là, vers le N.-E., M. Kovách, ayant
remarqué des indices qui promettaient de plus grands
résultats, s'est mis à fouiller le sol avec une nouvelle
ardeur. Le terrain de 6 mètres carrés a tout de suite
donné, à la surface, une quantité de tessons; puis à

KEMÉNYTETŐ.

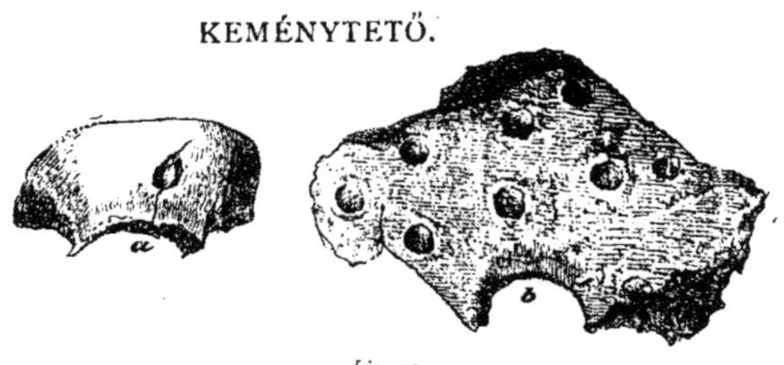

Fig. 10

0·79 m. s'est montrée une couche de terre cuite, rouge,
sous laquelle étaient plusieurs parties d'un four écroulé
(four des vieilles) et immédiatement au dessous de ces
débris, des tessons, de la cendre et des charbons.

Au fond, à 1·26 m., on a trouvé des parties épaisses
de plaques de différentes grandeurs et dispersées çà et
là; presque toutes, à des distances régulières, étaient
percées de trous de 0·04 m. à 0·08 m. de diamètre (fig.
10 *b*). Un côté de ces plaques était lisse, et l'autre rude,
et l'épaisseur était de 0·10 m.

A l'ouest de ces debris de tables, à la profondeur
d'un mètre, dans une couche d'argile, on a recueilli un
vase à goulot étroit, et tout auprès, une pierre à aiguiser
et des os.

Sous les plaques, dans une couche de cendres et de coquilles, on a trouvé des bois de cerfs qui, d'après des indices certains, avaient dû être coupés; ils avaient 0·30 m. de longueur, mais les pointes en ont été cassées, lorsqu'on les a levés. Tout près de là, il y avait aussi des os d'oiseaux, probablement destinés à être employés en guise de perles, car ils étaient coupés aux deux bouts; puis une hache en pierre polie, dont le trou n'avait pas été achevé. Vers le nord, on a retiré un couteau en obsidienne et plusieurs bois de cerfs, l'un de ces bois est perforé; à deux mètres, on a trouvé des outils en os polis, des pierres à fronde et une obsidienne.

Voici l'ordre des couches du sol :

Tessons, cendre, couche d'argile végétale	0.32 m.
Os, terre rouge, tessons, cendre, charbons	0.48 »
Fragments de four des vieilles	0.48 »
Plaques perforées, cendre, charbons, tessons	0.32 »
Cendre	0.03 »
Argile	0.01 »
Couche de coquilles	0.08 »
Charbons, argile, cendres, tessons, os, pierres, coquilles	0.63 »

On peut supposer qu'ici, comme dans tous les endroits où les rives ont été exhaussées, la profondeur peut varier jusqu'à 3 mètres.

Le nombre des objets trouvés se répartit ainsi:

Partie d'un crâne humain	1
Bois de cerfs	3
» » fragments	2
» » perforé	1
Pot à anses, bien conservé	1
Eclats d'obsidienne	3
Nucléus d'opale	1
Ciseaux polis en os	7
Côtes polies, arrondies	4
Pointes de flèches en os	6

<table>
<tr><td>Eclat de silex</td><td>1</td></tr>
<tr><td>Aiguille à coudre en os</td><td>1</td></tr>
<tr><td>Aiguille courbée, d'une défense de sanglier</td><td>1</td></tr>
<tr><td>Pierres à fronde à 6 plans</td><td>2</td></tr>
<tr><td>Amulette perforée, en argile</td><td>1</td></tr>
<tr><td>Un os, avec des cercles grattés</td><td>1</td></tr>
<tr><td>Pierre à aiguiser</td><td>1</td></tr>
<tr><td>Os d'oiseaux (perles)</td><td>2</td></tr>
<tr><td>Sabot de cheval</td><td>1</td></tr>
<tr><td>» de cerf</td><td>1</td></tr>
<tr><td>Défenses de sanglier, cassées</td><td>5</td></tr>
<tr><td>Ustensiles en pierre sans forme décidée</td><td>35</td></tr>
<tr><td>Tessons avec des ornements primitifs</td><td>500</td></tr>
<tr><td>Fragments de fours</td><td>15</td></tr>
<tr><td>Os d'animaux, p. e. de brebis, de porcs, de chevaux,
de cerfs, d'aurochs, d'ours, de poissons, d'oiseaux</td><td>450</td></tr>
</table>

En somme 1047 pièces, non compris les fragments de terre cuite, les coquilles, les charbons, &c.

c) Ásott-Halom (le tertre fouillé) à Tisza-Füred (comté de Heves).

Depuis plusieurs années, M. André Tariczky, curé de Tisza-Füred, s'occupe à faire des fouilles, principalement dans le tumulus qui est situé à une distance de 1252 m. de la ville, auprès de la grande route.

Ce tertre tire son nom des recherches qui y ont déjà été faites, il y a plus de 40 ans.

Il était certainement presque toujours entouré des eaux débordées de la Tisza; mais depuis la régularisation de cette rivière, toutes les terres qui l'environnaient sont restées à sec.

Le tumulus a du côté du sud, 75·86 m. de diamètre et 5·75 m. de hauteur. A l'ouest, il est relié à un autre tumulus de plus petites dimensions, lequel servait de cimetière.

M. Tariczky raconte qu'au mois de juin 1876, l'Elö-Tisza (la Tisza antérieure), qui coulait au pied de ce tertre ayant baissé considérablement, il a examiné les parties qui avaient été inondées, et qu'il y a trouvé les couches perpendiculaires qui suivent :

Le sol ordinaire	0.08	m.
Couche d'argile pétrie ou torchis	0.37	»
» brûlée ou terre cuite, friable, couleur de brique	0.08	»
» d'argile pétrie	0.15	»
» de moules et coquilles	0.02	»
» d'argile pétrie	0.25	»
» de charbons	0.09	»
» de terre cuite, friable, couleur de brique	0.10	»
» d'argile pétrie	0.09	»
» de moules	0.07	»
» de cendres	0.35	»
» de charbons	0.04	»
» d'argile pétrie	0.11	»
» de terre cuite, friable, rouge	0.10	»
» d'argile pétrie	0.11	»
» de charbons, cendres	0.32	»
» de terre cuite, rouge	0.33	»
» d'argile pétrie	0.06	»
» de cendres	0.02	»
» d'argile pétrie	0.05	»
» couleur de terre	0.30	»
» de charbons, cendres	0.27	»
» d'argile pétrie	0.04	»
» couleur de terre	0.52	»

«C'est, dit M. Tariczky, dans la partie inférieure des couches de ce tertre, *que j'ai trouvé deux poteaux courts et pourris.*

Ainsi, l'existence de poteaux, dans les terramares, a été déclarée par M. le curé de Tisza-Füred, avant la découverte de M. Pigorini dans ceux de Töszeg.

On n'a pas trouvé ici de tombeaux qui offrent quelque particularité. Chaque couche est horizontale ; cependant les couches inférieures, soit à cause du poids des couches supérieures (?) soit à cause de quelque mouvement du sol (?) ont *subi des courbes légères ;* le même ordre se retrouve dans toutes les couches dont le tertre est composé. (La même observation a déjà été faite à Tószeg et à Nagy-Rév, sur le bord de la Tisza).

Les couches les plus basses sont les plus dures; elles le sont même plus que celles en terre cuite, et néanmoins j'y ai trouvé des haches en pierre polie, mais brisées, et un nucléus en obsidienne.

La partie que j'ai explorée n'est pas grande, j'en ai pourtant extrait plus de 90 objets différents.

Entre autres, j'ai choisi, pour le musée, deux pierres à moudre, auprès desquelles étaient du blé et de l'orge carbonisés; il y avait aussi des écailles de poissons, des os d'animaux sauvages, comme j'en avais trouvé précédemment dans les tombeaux, par exemple: un bois de cerf à trois andouillers, des côtes, des ustensiles faits de ces mêmes objets et destinés à orner les poteries.

J'ai envoyé une partie de ces trouvailles à l'exposition préhistorique.» (Voir le *Catalogue de l'Exp. préhistorique*, p. 44. et suiv.)

Il serait maintenant bien nécessaire de soumettre à des études sérieuses toutes les observations faites sur les terramares; de faire exécuter les dessins des différentes couches, de mesurer ces couches et de bien classer les objets qui y ont été trouvés.

Jusqu'à présent, le temps a été trop court pour qu'il ait été possible d'exécuter tous ces travaux; et personne non plus n'a pensé à l'importance de cette question, savoir: Si ces rives ont été habitées par le même peuple ou par des peuples différents, à la même époque ou à des époques différentes, ce que l'on pourrait peut-être déterminer en examinant, en étudiant les différences qui existent entre les reliques que nous possédons.

On ne doit pas croire que ces couches se trouvent seulement sur les bords de la Tisza, comme par exemple, à puszta Zsiger, près du fossé du diable, à Öcsöd où, il y a quelques années, j'ai observé les mêmes couches

d'ossements, de cendres, d'argile cuite et de charbons;
il y en a partout, aussi bien sur les bords du Danube,
au rempart dit *Asztal*, la table, et au *Kozider padlás*, près
de Duna-Pentele, qu'aux environs de Titel; sur les bords
de la Garam, à Kicsind, à Ölyved, ou même dans le
voisinage des anciens remparts : à Gomba, à Puszta-Sz.
László (comté de Pest) à *Dévény-Ujfalu* (Poson) où l'on a
trouvé des cendres, des *poteaux*, des os d'animaux et des
tessons (voir *Archaeologiai Közlem.* II, 296, 426) à Szihalom ;
enfin, partout ailleurs, où les a cherchées la sagacité des
archéologues.

III.

LES FOSSÉS DU DIABLE EN HONGRIE.

Il est bien naturel que ces grands fossés et ces immenses retranchements qui traversent, pour ainsi dire, le centre du royaume, en s'étendant, du Danube près de Hellemba, (comté de Hont) et un peu au dessous de Vácz, des environs de Dunakeszi, jusqu'à la Tisza, pour aller aboutir au Danube inférieur, près de Palánka, aient attiré l'attention des habitants de ces contrées, et plus tard celle des savants. Les uns en ont fait le sujet d'histoires fabuleuses, racontées par M. Vas Gereben et par Mlle Claire Lővey; les autres, non mieux instruits sur les évènements d'une époque déjà bien reculée, se perdent dans des nuages de mystères et, incapables de s'élever au dessus de l'horizon de leur savoir, ont substitué à ces fables leurs hypothèses basées sur des observations toutes superficielles, auxquelles se trouvent mêlées même les luttes récentes des nationalités.

Sachant que les Romains ont possédé une partie du royaume de Hongrie, et qu'ils l'ont fortifié, quelques-uns ont généralisé le nom de fossés romains, dont nous ne connaissons vraiment que ceux qui rattachent le Danube inférieur près de Ujvidék, à la Tisza à Földvár, lesquels servaient à défendre le coin triangulaire qu'ils formaient avec les confluents de ces deux fleuves.

Ceux-là sont de vrais remparts romains, construits

tout-à-fait régulièrement, avec des camps établis à des distances égales, et conservant dans toute leur étendue le caractère des forts romains. Les plans de ces retranchements appelés *vallum romanum*, désignés sur nos cartes géographiques par le nom de *Nagy római sáncz*, grands remparts romains, sont contenus dans l'ouvrage du comte Marsili : *Danubius Pannonico-Mysicus*, tome II, table I, 3 &c.

Un autre ouvrage non moins grand et indubitablement romain, c'est le fossé de l'empereur Probus, *fossa Probi*, semblable au *fossa Drusi* du Rhin. Ce fossé qui est situé dans le comitat de Szerém en Slavonie et qui recueille les eaux des environs pour les conduire de Petrovcze à Járák, dans la Save, est appelé *Járcsina-árok* sur les cartes du comitat. (Voir l'atlas de M. Görög.)

Tous les autres fossés ou retranchements qui sont dessinés sur nos cartes géographiques, mais seulement en partie, puisqu'ils manquent de raccordement, et d'autres encore desquels il n'y est fait aucune mention, portent à tort la dénomination de remparts romains.

Pour s'en convaincre il ne faut que considérer la manière dont ils sont construits, et penser, en outre, qu'ils parcourent des régions qui n'appartenaient pas aux Romains; et en supposant même qu'ils aient été construits sous l'influence de ces conquérants, il est impossible d'admettre que ceux-ci eussent souffert, chez leurs auxiliaires, des retranchements si peu en harmonie avec leur art de faire la guerre, déjà si développé lorsqu'ils ont occupé la Pannonie et la Dacie.

Nous connaissons les fortifications temporaires des Romains, il y a assez de *castra* dans notre pays; mais même si nous ne les avions pas, nous saurions très-bien distinguer les remparts élevés par les Romains de ceux des barbares, puisque l'on peut voir des sculptures des uns et des autres sur les colonnes Trajane et Antonine à Rome.

A qui donc appartenaient ces grands retranchements?
Les uns les attribuent aux Jazyges-Metanastae, les autres
aux Huns ou aux Avares, ou à tous les deux ensemble,
voire même aux Magyars, après l'occupation des régions
danubiennes.

D'un côté ce doute, cette hésitation, de l'autre, cette
hardiesse avec laquelle on donne des noms définitifs à
des peuples dont nous ne connaissons pas encore suffi-
samment les monuments qu'ils ont laissés après eux, est
étonnante, et résulte le plus souvent du manque absolu
de témoignages contemporains, dignes de toute confiance;
mais plus encore de ce que, la Hongrie n'ayant pas été
étudiée à fond par les savants spécialistes, on n'a pas
examiné les rapports qui pouvaient exister entre les
grands fossés et les camps des barbares, ni ceux que ces
retranchements avaient entre eux-mêmes, pour déterminer
s'ils n'étaient pas le résultat d'un système de défense,
exercé pendant plusieurs siècles, par une race ou par un
peuple, fût-il si primitif que possible.

Selon moi, le moment n'est pas encore arrivé de
faire grand bruit des résultats que nous avons obtenus
jusqu'à ce jour, ni de définir à quel peuple ou à quelle
tribu appartenaient ces camps presque toujours circulaires,
ces longs retranchements qui enveloppent une grande
partie du royaume actuel; au contraire, nous devons
aller de comitat en comitat, et y chercher partout les
vestiges des forteresses et des remparts, les fossés des
camps, ainsi que les demeures et les cimetières de ceux
qui les ont construits, soit qu'ils aient été désolés par les
guerres ou aplanis par la charrue.

Cette manière de procéder lentement, en prenant
toutes les précautions nécessaires pour éviter les erreurs,
sera peut-être considérée comme une grande faute par
quelques-uns de nos ardents archéologues qui voudraient
obtenir en peu de temps des résultats sinon vrais, du

moins éclatants. Ces messieurs ne veulent pas que les produits de leur imagination moisissent sur leurs tables, mais que le monde les connaisse tout frais.

C'est pourquoi je ne veux communiquer ici que le brouillon de la carte archéologique dessinée d'après mes propres expériences, d'après des rapports officiels que j'ai obtenus des comitats, ainsi que d'après les renseignements de quelques-uns de mes amis, qui travaillent à cette question avec une bien louable assiduité.

La conséquence naturelle de ce procédé, c'est que la carte ci-jointe n'est pas complète, n'est pas une œuvre finie, mais qu'elle contient plus de données que nous n'en possédions jusqu'à présent sur les contrées explorées par moi et les collaborateurs que j'y ai rencontrés; du reste, les lacunes restées en blanc ne signifient nullement que ce sont des endroits où l'on ne pourra pas plus-tard trouver des antiquités, si l'on veut y faire des recherches.

Sur cette matière, nous devons, avant tout, renoncer à l'archéologie prise au point de vue exclusivement hongrois, car le terrain que nous avons à travailler ne nous concerne pas seuls; nous y trouvons une quantité d'objets communs à tous les peuples qui environnent notre patrie, et qui, sans rougir, se sont aussi mis, seulement à présent, à étudier leurs monuments, qu'ils avaient négligés jusqu'à ce jour. Les résultats de leurs expériences et de leurs sérieux travaux deviennent nos guides, et nous abandonnerons les fausses suppositions et les fables insipides qui flattaient notre amour-propre, mais en même temps obscurcissaient l'horizon de la vraie science. Nous quitterons ces feux-follets, comme une chose indigne de nous, en disant avec le notaire anonyme du roi Béla: «Et si tam nobilissima gens Hungariae primordia suae generationis et fortia quaeque facta sua ex falsis fabulis rusticorum vel a garrulo cantu jaculato-

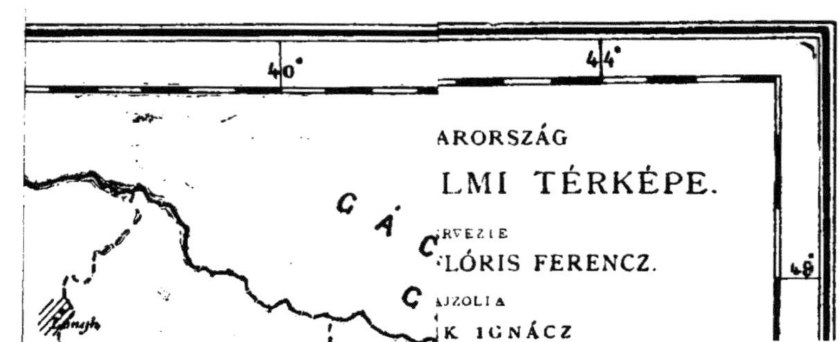
40°
44°
48°
GÁC
ARORSZÁG
LMI TÉRKÉPE.
RVEZTE
LÓRIS FERENCZ.
AJZOLTA
K IGNÁCZ

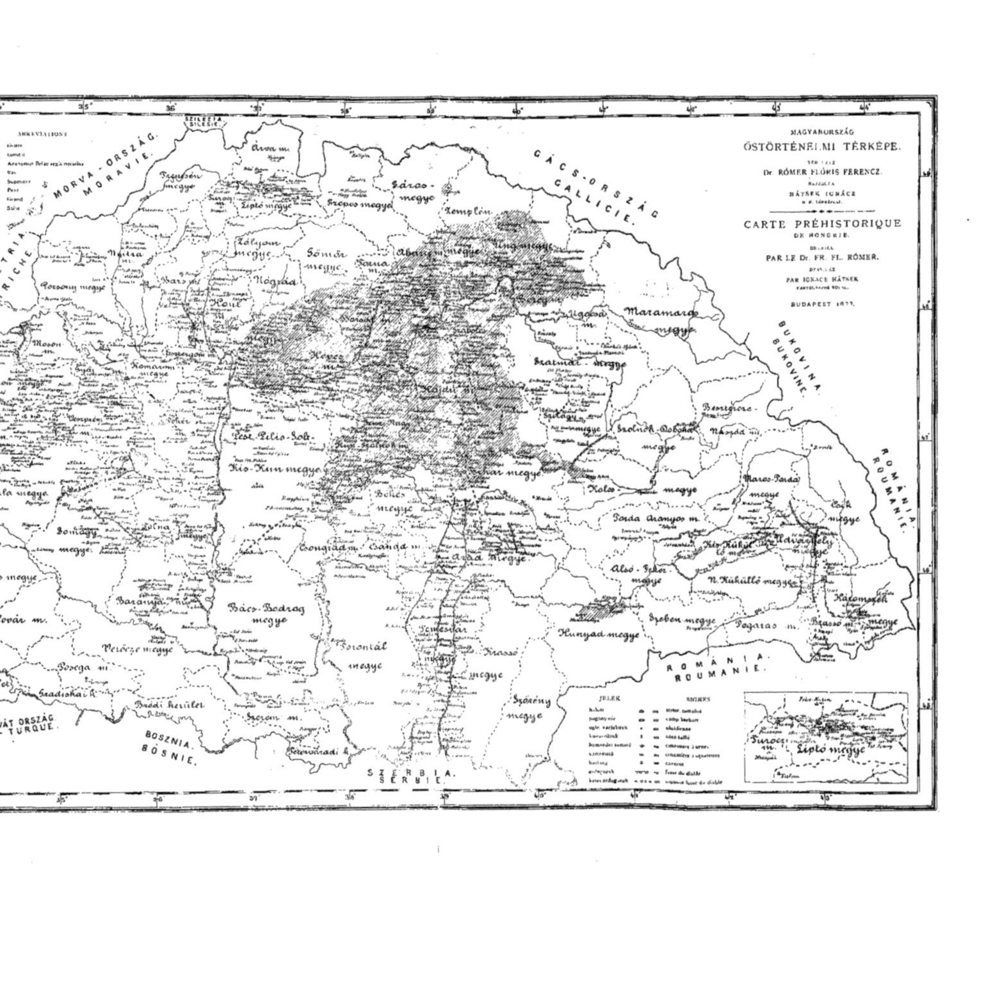

MAGYARORSZÁG
ÖSTÖRTÉNELMI TÉRKÉPE.
Dr. RÓMER FLÓRIS FERENCZ.
RAJZOLTA
BÁTSEK IGNÁCZ
CARTE PRÉHISTORIQUE
DE HONGRIE.
PAR LE Dr. FR. FL. RÓMER.
PAR IGNACE BÁTSEK
BUDAPEST 1876.
MORVA-ORSZÁG.
MORAVIE.
AUSZTRIA
AUTRICHE
GÁCS-ORSZÁG.
GALLICIE.
BUKOVINA
BUKOVINE.
ROMÁNIA
ROUMANIE.
ROMÁNIA
ROUMANIE.
BOSZNIA.
BOSNIE.
SZERBIA.
SERBIE.
HORVÁT ORSZÁG
IE-TURQUE.
JELEK
SIGNES
Liptó megye

rum quasi somniando audiret, valde indecorum et satis indecens esset.»

J'ai donc commencé mes études par les territoires sur lesquels se trouvent des retranchements indubitablement d'origine romaine; puis je ne me suis pas contenté de visiter en curieux l'une ou l'autre partie des remparts barbares, mais j'ai examiné, étudié scrupuleusement la ligne qui va du Danube à la Tisza; puis les retranchements du Danube inférieur jusqu'à la Maros et dans le comitat d'Arad; les lignes des comitats de Külső-Szolnok, de Tolna, de Somogy, &c.

Toute mon attention était fixée sur la triple grande ceinture qui commence aux deux côtés opposés du Danube et se perd, disparaît dans les marais de la Tisza et des Kőrös. Outre ces grands retranchements, on trouve partout des camps de différentes grandeurs, d'où pouvaient être envoyés des détachements de troupes, et où elles pouvaient se réunir, se rallier après un combat malheureux.

Une foule de fausses suppositions, l'insuffisance des études, jointes à une confiance illimitée dans quelques anciens écrivains mal interprétés, et dans des illustrations sans aucune base historique font que la plupart des amateurs, qui ne se livrent pas à une critique sérieuse, s'égarent de plus en plus dans un labyrinthe de confusions, où ils sont incapables de se reconnaître.

Il n'est donc pas étonnant que des études si divergentes et faites avec des idées préconçues aient toutes abouti à faire considérer la partie supérieure du *Csörsz-árka* comme un retranchement indépendant, tout-à-fait différent des remparts soi-disant romains dans l'ancien Banat, tandis que la ressemblance, la disposition des lignes et même la distance gardée entre elles montrent évidemment que ce sont les œuvres d'un même peuple, de la même culture et vraisemblablement aussi de la même époque.

C'est par suite de cette erreur que, sur les anciennes cartes de la Hongrie, on n'a même pas désigné les retranchements vraiment romains. Plus tard, au milieu du XVIIe siècle, lorsqu'en Angleterre on avait déjà signalés divers vallum, nos cartes de l'époque n'en faisaient aucune mention, et nous ne les trouvons ni dans *Le cours de Danube* ni dans les autres cartes spéciales. Ce n'est qu'en 1717 que l'on voit dans le *Neues Ung. Kriegstheater* figurer, pour la première fois, le vrai vallum romain entre le Danube et la Tisza, et en même temps aussi les vallums prétendus romains dans le Banat; en 1737 Van der Bruggen a introduit dans sa carte le vrai vallum romain. Mathias Bél, dans ses *Notitia Hungariae novae*, p. 1, t. III, consigne les deux bras du grand fossé entre le Danube et la Tisza. Le bras supérieur qui commence à *Csány* et qu'il appelle *aggeres antiqui majores*, Csers Arka, compte 15 milles de longueur; l'autre qui commence près de Dunakeszi *aggeres minores*, Kis-Árok, a un parcours de 12 milles.

Jusqu'à présent, nous voyons que ces grands retranchements appartiennent à un système de défense, c'est-à-dire que, si les lignes de l'Ipoly et de Dunakeszi, ou si le Csörsz-Árka supérieur et inférieur sont le commencement d'une fortification qui traversait la Tisza et la Maros, pour arriver sur trois ou plusieurs lignes au Danube inférieur, elles pouvaient parfaitement, avec les rivières et leurs marais, former les frontières d'un territoire assez étendu pour un des petits royaumes de l'antiquité.

Désormais il ne suffira plus de se contenter de suivre, sur les cartes, les lignes de fortifications, il faudra aussi examiner contre quels peuples elles étaient dirigées, c'est-à-dire, de quel côté sont les fossés et les remparts, comment les lignes s'avancent sur deux, trois ou plusieurs rangs; d'après cela fixer l'ordre dans lequel le nouveau territoire a été occupé, et tâcher de déterminer les époques archéologiques; ce qu'il sera facile de constater en examinant le système d'après lequel les constructions ont été faites et les restes que l'on recueillera autour des retranchements; de même, pour les camps païens, il faudra voir s'ils sont construits de la même manière, et si ceux qui les ont élevés ou qui les ont défendus se servaient des mêmes ustensiles et des mêmes armes !

Si nous n'avions que les seules lignes du Danube à la Tisza et celles de la Maros au Danube inférieur, nous pourrions bien dire que ces deux lignes étaient destinées à défendre les peuples établis entre ces fleuves; les uns contre les peuples habitant la montagne de Matra, et les autres, contre les montagnards de l'est.

Mais donner un nom à ces peuples indigènes et fixer l'époque de leur séjour, c'est ce que je n'oserais pas encore faire.

En réfléchissant sur cette matière et en considérant la carte qui a été dessinée avec un grand soin d'après les données communiquées par les comitats et les lettres reçues de bien des particuliers, je vois que les lignes du Danube inférieur se dirigent d'abord vers l'orient et puis vers le midi, tandis qu'au contraire les lignes de l'ancien Banat tendent vers le nord, pour rejoindre celles qui commencent près de la capitale.

Pour nous expliquer ces directions, nous devons admettre qu'à une certaine époque, le peuple qui habitait la rive gauche du Danube, et qui occupait les plaines du Danube, de la Tisza et de la Maros s'était avancé, du midi, pas à pas, jusqu'au pied de la Matra, d'où deux et même trois lignes de fortifications montent vers les collines de Tokaj, et de là, formant une ligne circulaire, se dirigent vers le midi jusqu'au Danube inférieur, en s'abaissant presque toujours en trois étages, et en maintenant la même distance que nous avons observée dans les retranchements qui vont de l'ouest à l'est.

Voilà un territoire heureux avec de grands pâturages, avec des pêcheries fabuleuses, défendu par de larges rivières et par des remparts inaccessibles.

Mais en étudiant avec attention notre carte archéologique, chacun verra que, outre les lignes dont nous venons de parler, il y en a encore d'autres de longueurs différentes, et prenant aussi diverses directions.

En partant de l'ouest, nous voyons la ligne du comitat de Somogy, laquelle commence au bord S.-O. du Balaton et se dirige vers Dombovár; la ligne de Baja, qui s'avance vers le nord du côté de Kőrös-Ladány; la ligne de Kéménd à Ó-Bars, celle de Hellemba à Selmecz; la ligne de Füzes-Abony à Sajó-St-Péter vers le N.-E. une partie de la ligne Kis-Sebes-Tihó; et enfin les lignes triples du nord au sud dans le pays des Székely, dont la continuation doit être constatée.

Ces parties de lignes inachevées ont fait naître l'idée de plusieurs remparts circulaires, qui pouvaient bien répondre aux idées que nous avons sur les *Rhings des Avares.*

On présume que ces Rhings étaient au nombre de neuf, et c'est sur cette présomption que M. Tomka Szászky dans l'*Introductio in Geographiam Hungariae antiqui et medii aevi*, Posonii 1781, a dressé une carte des Rhings en Hongrie, carte toute imaginaire, (fig. 11.) sur laquelle il nous montre sept Rhings formant un hexagone dont le centre était à Bude, et reliés entre eux par des tumuli disposés en lignes droites, parce qu'il suppose que ces tumuli devaient servir de postes de signaux; les deux autres Rhings se trouvent en Transylvanie et servent de Hagias (haies) orientales.

Nous ne voulons pas affirmer que ces Rhings étaient vraiment au nombre de neuf, ni qu'ils avaient cette dis-

HVNIA ABARICA
PER PANNONIAM ATQVE DACIAM
POSONII 1751
studio Joannis Tomka Szászky.
HVNGIA VLTRA SILVANIAE
HAGIA KVNGV
HAGIA BIHOR.
HAGIA KOROM
HAGIA NITRAVIAE
HAGIA VINDOMINAE
BVDAE ET OLPAR.
METROP.
TETEL.
HRINGVS ORIENT
HRINGVS SEPT
HRINGVS ORIENT
HRINGVS MERID
HRINGVS OCCID

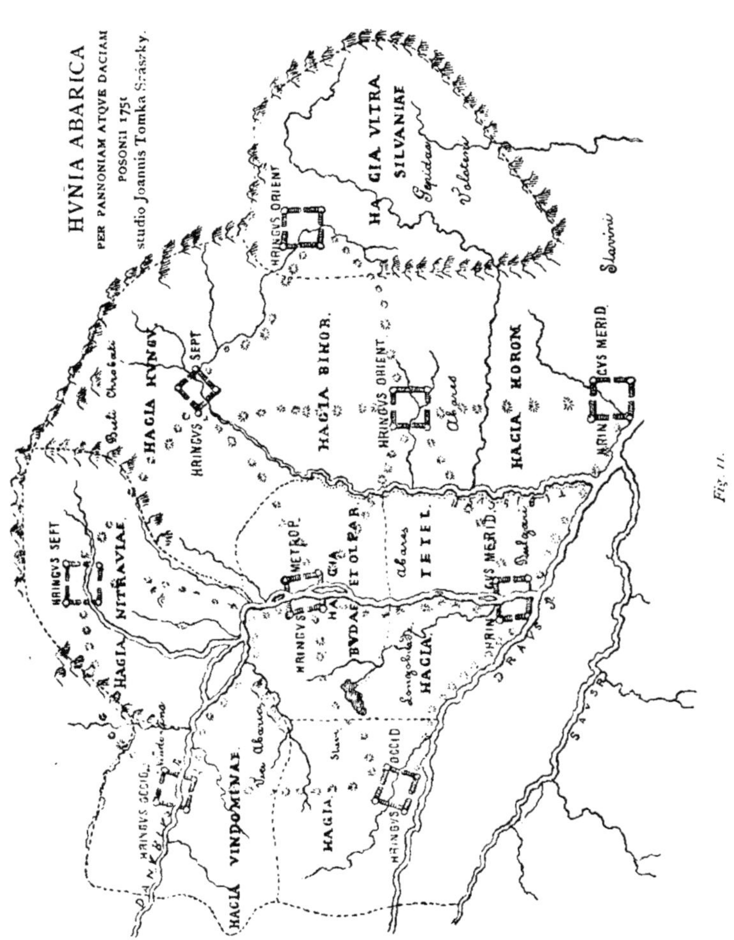

Fig. 11.

position tout-à-fait régulière; mais les lignes de fortification que nous avons mentionnées donnent un certain appui à nos suppositions et nous encouragent à chercher les parties de ces chaînes qui formaient les Rhings des Avares.

Les fruits que nous avons déjà recueillis de nos études sont autant de motifs qui nous imposent le devoir de faire des recherches sur les points en question. Si nos prédécesseurs nous avaient frayé la voie, nos travaux auraient de grandes chances de succès; tandis que si nos sociétés d'archéologie sont obligées de passer le temps aujourd'hui à chercher, à noter toutes les parties visibles, à suppléer les parties manquantes, il pourra bien arriver que nous laissions passer le moment, et que nous ne trouvions jamais les traits-d'union dont nous avons besoin pour achever les cercles des Rhings.

Comme on ne peut plus nier l'idée des Rhings, comme nous en connaissons même la figure et l'étendue supposées, nous pourrons essayer de suivre cette idée, en reconstruisant les parties qui ont disparu, mais dont les traces se trouvent peut-être sur les anciennes cartes locales, ou dans les chartes qui font mention des limites des territoires. Cette question est une de celles que les membres de nos sociétés archéologiques devraient bien étudier, afin de nous aider à trouver une solution d'un si grand intérêt au point de vue archéologique et même historique.

Revenons à nos traditions et à la supposition d'origine toute nationale dont la base est mythique et est répandue partout. J'ose émettre ici une idée que j'ai depuis plusieurs années, mais que j'ai toujours tardé à communiquer pour ne pas provoquer la susceptibilité de mes compatriotes qui se plaisent à prétendre que ces retranchements ont été élevés par un prince fabuleux, du nom de *Csörsz*, *Curzan* ou par le *Tuhutum*, ou même par un des CÉSARS! Il ne nous appartient pas de démontrer combien sont repoussantes et ridicules ces fables dont les auteurs, ignorants du terrain, vont jusqu'à supposer qu'on a voulu creuser le fossé en coupant la montagne qui s'élève entre Gödöllő et Mogyoród, pour réunir la Tisza au Danube, afin de conduire par ce canal la jolie fille d'un roi (*Fata morgana* [?]) fiancée au fils du roi, à Bude, quand il eût été si facile d'éviter toutes les montagnes pour y arriver.

Je laisse de côté toutes ces idées d'un intérêt purement local, et trouvant que tous nos efforts pour les expliquer resteraient vains, je propose une autre manière simple et générale, qui nous aidera à trouver sinon les fondateurs, du moins les noms de ces fossés que l'on rencontre partout, semblables aux nôtres; c'est de considérer les noms qu'ils ont reçus et sous lesquels ils sont connus dans toute l'Europe, depuis les temps les plus reculés.

Toutes les grandes œuvres qui semblent surpasser les forces humaines ont été attribuées par le peuple à des forces surnaturelles, comme, par exemple, *aux géants* ou *au diable*. C'est ainsi que dans le comitat de Baranya, la route romaine, qui conduit d'Eszék à Bélye est appelée *Teufelsweg, Teufels-Steinriegel* (voir HAAS MIHÁLY; *Baranya emlékirat*, Pécsett 1845, p. 115) nom que les colons allemands ont certainement apporté de leur patrie où, comme on le sait, les remparts et les fossés romains sont aussi connus sous le nom de *Teufelsgraben* (fossés du diable).

Ce même nom se retrouve fréquemment en Hongrie dans les comitats de Somogy, de Tolna, aux environs de la Tisza et en Transylvanie où il y a encore d'autres variations sur les œuvres diaboliques.

Comme il est incontestable que la Pannonie était autrefois habitée par les Slaves, il est naturel d'admettre que ceux-ci, professant la même opinion que les autres peuples sur les *fossés du diable*, ont nommé le fossé supérieur ou le grand fossé *Certowsky-jarck*, dont les Hongrois, vu la difficulté qu'ils éprouvent à prononcer les noms étrangers, ont fait Csersz, puis Csörsz, Csösz- et Cseszárok.

Ce nom s'est maintenu longtemps concurremment avec celui des *Ördög-árok*, mais comme on n'en connaissait pas la signification ou qu'on l'avait perdue, on s'est mis à chercher à quel personnage célèbre, à quel héros on pourrait attribuer cet ouvrage de géants ou du diable; c'est ainsi qu'en défigurant, en forçant le nom de Curzan, on est arrivé à en faire celui de Csörsz; et le sujet de la fable était trouvée.

Ce n'est pas à nous à citer toutes les interprétations données à ce mot : *csö* (le canon), *csösz* (le garde), &c., nous laissons ce travail improductif et inutile à ceux qui n'ont pas à s'occuper de choses graves et fructueuses, et nous supposons que toutes ces lignes portaient le nom commun de *Fossés du diable*; chez les Hongrois : *Ördög-árok*; chez les Allemands : *Teufelsfurche, Teufelsgraben*; chez les Slave : *Certowsksy-Jarck*, que les Roumains, depuis qu'ils se considèrent comme de vrais descendants des Romains, ont jugé à propos d'appeler : *Routes de Trajan*.

L'essai que je donne ici sur cette question n'est pas comme j'avais supposé pouvoir le faire; mais il est aussi bien qu'il m'a été possible de le faire d'après mes études sur le terrain, d'après les communications officielles des autorités des comitats et enfin d'après les données des amis de l'archéologie et de l'histoire critique. J'ai la conviction qu'il excitera l'attention des amis de nos Musées et de nos Sociétés d'Archéologie, qui m'aideront à achever la carte de ces fossés, travail assez difficile sans leur concours.

Les plus ardents de nos compatriotes ne pouvaient naturellement trouver d'autre solution, que celle qui attribue ces grands retranchements aux Hongrois qui les auraient élevés après avoir occupé ce pays, car, disent-ils, telle était la manière des Orientaux de fortifier leurs frontières. Mais ce raisonnement ne peut pas être une preuve, puisque, en étudiant cette question ailleurs, on retrouve les mêmes retranchements, les mêmes camps païens chez les autres peuples du nord, comme par exemple en Russie, en Gallicie, en Podolie, en Bohème, en Autriche et surtout chez les peuples slaves du nord-ouest, dans le Lusau supérieur.

On ne peut pas nier que les Hongrois n'aient bâti, selon l'*Anonymus* (voir : SCHWANDTNER, *Scriptores rerum Hungaricarum*, tom. I.), plusieurs camps de terre, car c'est de là que viennent les noms si fréquents de *Föld-vár, camp de terre;* mais ils ont aussi bâti plusieurs *Sár-vár*, ce qui ne veut pourtant pas dire que c'étaient des *camps de boue*, mais des retraites au millieu des marais *(sár)* inaccessibles, espèces de *crannoges*, qui étaient recherchés et bien appréciés chez nous, même dans le XVIe et XVIIe siècle.

Si quelqu'un, par hasard, veut élever la voix en faveur du mode de défense des frontières, cité par l'*Anonymus*, nous admettrons de bon cœur avec lui, que les Hongrois, à l'époque de leur dernière invasion, connaissaient bien le système de resserrer les défilés au moyen d'abattis d'arbres, ou d'accumulation de rochers précipités dans les vallées pour arrêter l'ennemi dans sa marche, et pour couvrir les portes du royaume, comme ils l'ont pratiqué plus tard aussi contre les Tartares; mais on nous concèdera aussi qu'après avoir effectué l'occupation de la Hongrie, ils n'avaient aucune raison de tracer ces énormes retranchements *dans l'intérieur de la Hongrie*, principalement dans les directions indiquées sur notre carte, comme on peut le voir, quoique une partie des lignes soient imparfaites.

Pour mieux approfondir cette question, je n'ai pas seulement consulté nos livres d'histoire; j'ai été chercher aux sources mêmes d'où j'espérais faire jaillir la vérité sur ce Csörsz-Árok d'origine douteuse, et je dois avouer que tous mes efforts ont été vains; je n'ai trouvé que des *fossés de géants*, de *grands fossés*, &c.

Les anciennes chartes sont certes les sources les plus pures où il soit possible de puiser la vérité; elles sont presque contemporaines, ne sont point soumises aux différents préjugés, et les faits n'ont pu y être falsifiés. C'est là que je me suis adressé, et voilà ce que j'y ai trouvé concernant les fossés :

En 1009, il est fait mention du fossé *Jarcsina*, diminutif de *Jarak*, fossé. Le même nom revient dans un diplôme de l'année 1093.

En 1158, nous lisons seulement *Aruc*, fossé, servant de limites (FEJÉR, *Codex diplomaticus*, II, p. 149).

Une charte, qui est d'un bien grand intérêt pour le sujet dont nous nous occupons, c'est celle de l'année 1067, qui contient la fondation de l'abbaye de *Zazty*. Près du territoire de *Scenholm* (aujourd'hui) *Szihalom* dans le comitat de Borsod, on arrive *ad magnam foveam* (c'est-à-dire au Csörszárok d'aujourdhui) que protensa usque ad *Aruk-sceguj* (coin, angle du fossé) tendit ad angulum parve *Egur* (le ruisseau Eger) et ad angulum *Aruk* (fossé). Voir: *Monumenta Hung. Historica, Diplomatarium*, I. 24.

Si le nom de *Csörsz-árok* existait alors, c'eût été la meilleure occasion d'en faire mention ici.

Dans le recensement des biens de l'abbaye des Bénédictins à Bakonybél, en l'année 1086, nous lisons au sujet de Panniadi (aujourd'hui *Puszta-Ponyvad*, aux confins *des Comitats de Győr, de Veszprém et de Vas*) : Incipit per munimentum quod vulgo dicitur *aruk* (fossé), et vadit ad angulum munimenti, a quo vergit ad alium angulum munimenti, a quo vertitur ad occasum et terminatur per *longum munimentum* quod declinatur ad *sepulchrum Welen* a quo iterum dirigitur per *munimentum longum* quod mittit parumper per campum recto gressu ad angulum munimenti, a quo vertitur per iiii cumulos ad longum (munimentum), qui vulgo dicitur *Buhenbrazda?* qui mittit ad predictum locum. On voit clairement qu'ici on parle d'un castrum romain, fortifié par de longs fossés dont l'un portait le nom de *Buhen-Brazda* (aujourd'hui, *Barázda* = sillon).

Plus loin en parlant des limites d'*Árpás* (comté de Sopron) il y est dit : vertitur ad sabulosum munimentum qui *vulgo dicitur humuch aruk (fossé sablonneux)* inde transit ultra rotundas salsaigines ad illud munimentum ubi est cumulus cespitum.

Dans la même charte on donne aussi au fossé, le nom de *Sulcus* (sillon). (Voir: *Monum. Hung. Hist.*, I, p. 31.)

Lorsque, en 1211, le roi André II. a confirmé la donation des biens, faite à l'abbaye de *Tichon* (Tihany) fondée en 1055, dans l'énumeration de divers villages de comitats différents, il est dit : qu'on arrive «ad *viam fossam* (?), ad angulum *longe fosse*, per eamdem fossam, ad angulum alterius fosse, et per arundineta ad *Iroczeg;* plusieurs autres fossés y sont encore cités. (*Monum. Hung. Hist.*, I, p. 115.)

Dans la même année, en faisant mention du Territoire de *Törcki*, qui appartient à la même abbaye on trouve une *fossa limi.* (*Monum. Hung. Hist.*, I, p. 125.)

Dans un procès qui a eu lieu en 1214 entre l'abbé de St.-Martin et les citoyens de Poson, au sujet des bornes de *Cusoud* (aujourd'hui, Kosuth, comté de Poson) on peut lire : Quandam fossam *Aldoucuth*, qui doit peut-être signifier : le puits *(kut)* de la bénédiction *(áldani, bénir).* *Monum. Hung. Hist. Diplom.* I. p. 135.

1227. Le pape Grégoire IX, confirmant les diplômes des rois de Hongrie, parle de la *meta Sancti Ladislai regis, a qua tendit ad magnam fossam. Monum. Hung. Hist. Diplom.*, I, p. 235.

1228. Fait mention du *Negu-Aruk.* FEJÉR *Cod. dip.*, III, II, 122.

On trouve aussi, dans les archives du chapître métropolitain d'Esztergom, un document bien intéressant (voir: KNAUZ NÁNDOR, *Magyar Sion*, II, année 1864 p. 684), dans lequel le roi Béla échange, en 1256, avec le noble *Pierre de Wysk* (aujourd'hui, Vissek, près d'Ipolyságh, comté de Hont), une terre de la dépendance du château de Hont, nommée Saag, laquelle, entre autres limites, avait un *quoddam fossatum que dicitur fossa Gigancium (fosse des Géants)*. Comme le village de Saag (aujourd'hui, Ipolyságh, ville et chef-lieu du comitat) n'est pas éloigné du fossé Hellemba-Báth, et que dans le même diplôme on parle aussi d'une : *Scissura cujusdam montis Hradischa*, ce qui indique que l'écrivain sait très bien faire une distinction entre des ravins de montagnes ou des éboulements du sol, et un fossé creusé par la main des hommes, nous pouvons supposer avec raison que le fossé dont il est question dans ce document, est le même que celui qui est marqué sur notre carte.

Il est aussi parlé d'un autre *grand fossé* dans une charte de l'année 1338, à propos d'un procès entre l'abbaye des Bénédictins à *Sexard* et la famille de *Bechey*. Dans l'énumération des territoires de *Földvár*, camp de terre aujourd'hui, Satoristye, Comté de Baranya) de *Laak* (aujourd'hui, Puszta-Lak) et de *Nogh-moysa* (aujourd'hui, Majsa), il est dit qu'on arrive, *ad magnum Aruk*, c'est-à-dire, au grand fossé qui existe encore aujourd'hui, et duquel je ne puis dire s'il est l'ouvrage des Romains qui ont habité ce pays, ou celui des peuples qui y vivaient avant eux.

MAURE CZINÁR dit (dans sa *Monasteriologia Damiani Fuxhoffer*, reconnue par lui, Pestini, 1858, I, p. 304) que l'abbaye du Saint-Esprit de *Báth-Monostra* est le grenier de l'abbaye de Báth. Le nom de la filiale de cette abbaye était *Apáthi* ou *Nodjarki (nagyárki* = du grand fossé) et ce nom convient parfaitement au Báth-monostra d'aujourd'hui. Nous croyons savoir que le fossé du diable, *ördög-árka*, qui va rejoindre (la ville de Baja), passait aussi près du village d'Apáthi et près de Vaskut, ou il y a deux groupes de tumuli et un rempart du côté du groupe meridionale. (Voir plus bas p. 130. 131.)

Nous avons trouvé différents grands fossés, n'ayant d'autre nom que celui qu'ils tiraient de leur grandeur, c'est-à-dire celui de *géants;* le diable n'est nommé nulle part, ni en hongrois, ni en slave, probablement parceque ce nom-là n'existait pas encore à cette époque.

Les cartes géographiques ne fournissent donc, comme nous l'avons vu plus haut, aucune donnée sur l'ancienneté du nom de *Csörsz-árok* qui, la première fois, paraît en 1737 sur la carte de SAMUEL MIKOVINY, ce qui n'empêche pas que, même en 1750, on parle encore d'un *agger romanus* qui va de Bude à la Tisza.

Si nous consultons les historiens, nous trouvons maintes fois, comme dans l'Anonymus, qu'il y est question des *fossata magna*, et presque toujours, immédiatement après, de *castrum fortissimum de terra* (comme au chap. XXI.) pour défendre les retranchements; mais le nom de *Csörsz*, nous ne le trouvons pas dans l'antiquité.

Celui qui le premier, à ma connaissance, semble parler de Csörsz-árok, c'est M. SZÉKEL ISTVÁN, dans sa chronique du monde, publiée à Cracovie en 1558; on y voit figurer le nom de *Csérsz*, que l'on suppose venir de *Cert*, diable, dont il se rapproche, lorsque l'écrivain proteste contre la croyance qui attribue l'origine de ce fossé à l'idée de conduire à Bude, par ce moyen, la fiancée du fils du roi; il le considère simplement comme ayant dû servir de défense à la province comprise dans les retranchements.

Sans citer les sources auxquelles il a puisé, il raconte qu'en 718, le roi de Pannonie, Seita, a fait restaurer le fossé qui existait avant Atila. Ce sont, dit-il, plusieurs peuples différents qui ont creusé ces fossés, plus profonds alors que ne le sont aujourd'hui ceux d'une ville fortifiée; ils étaient bordés, au faîte, d'arbustes formant haies, dont les racines en empêchant les éboulements de terre, contribuaient à la conservation des talus des deux côtés. Il y avait aussi des portes confiées à des gardiens.

Nous savons que, même encore de nos jours, les villages de la partie méridionale de notre pays sont entourés de haies, avec des portes que des jeunes gens ouvrent, moyennant un pour-boire, aux voyageurs en voiture.

Mais ce fossé n'est pas le seul; il y en a entre la Tisza et le Danube plusieurs autres qui sont encore visibles aujourd'hui, quoique presque entièrement comblés par le temps. Ce ne sont pas décidément les Hongrois qui en ont fait usage pour leur défense, mais plutôt les peuples qui habitaient ce pays avant eux.

Il est vraiment surprenant que nos historiens, pas plus que nos antiquaires, ne se soient donné la peine d'éclaircir une question si importante pour l'histoire des peuples qui ont occupé ce pays; cette question eût été beaucoup plus facile à résoudre, lorsque les monuments se trouvaient dans un meilleur état de conservation; mais comme on ne s'occupait alors d'autres antiquités que de celles des Romains, elle a été reléguée jusqu'à nos jours.

KATONA *(Historia critica ducum Hungariae,* p. 197) ne connaît que *le grand fossé d'Árok-Szállás* qui va jusqu'à la Tisza et qu'il attribue au *Curs = Tsürsz,* fils du *Cadu;*

mais M. SCHOENVISNER *(Itineris . . . . . et Commentarii Geographici*, Pars II. p. 239) doute de la justesse de cette assertion.

Le même Katona dans son *Historia Metropolitanae Colocensis Ecclesiae*, tome I, p. 63, dit : Cagani regiam Timon sitam fuisse censet *in vallo insigni;* in cujus umbilico hodie est *Berenium* in Jazygia, c'est-à-dire *Jászberény (Timon Imago Antiquae Hungariae*, p. 245), sed Eccardus *(Rerum franc.*, tom. I, p. 774) intra limites hujus dioeceseos (colocensis) ita collocat : Regiam illam Hunnorum a Francis *ringus* dictam ad Tibisci in Danubium confluentem situm fuisse, *verosimile* est. Et monstrantur adhuc nostro aevo reliquiae *valli*, quod recentiores a Romanis extructum credunt, a Petro-Varadino et Danubio Kouiarezkum usque (ubi nunc Földvár) et ad Tibiscum protensi. *Hic ego ringum fuisse suspicor* loco a Tibisco et Danubio, praetereaque vallo et firmissimis indaginibus munito.

On peut voir ici les hésitations, les tâtonnements des historiens, puisque Katona lui-même confond le vallum romanum avec les retranchements barbares.

Il suffira peut-être de citer encore GRISELINI (*Geschichte des temeswarer Banats*, I, p. 12), qui pense que la *Hagia Horom* comprenait le Banat et le château de Ujpalanka, qui existait déjà quand les Avares ont occupé cette province. Griselini ne craint pas non plus d'avancer que les retranchements du Banat ne sont pas romains, mais d'un autre côté, il accepte les neuf rhings comme ils sont tracés sur la carte de M. Tomka-Szászky.

Cela nous conduirait trop loin si nous voulions citer toutes les opinions émises sur les retranchements barbares au sujet desquels même des écrivains sérieux n'ont pas craint d'admettre, dans leurs publications, la dénomination de routes romaines, se laissant probablement guider par les idées des Roumains qui en ont fait des routes de Trajan.

M. le dr Henszlmann dans le *Vasárnapi Ujság* (Journal du dimanche), 1867, p. 54 est d'avis que le *Csörsz-árka* qui relie le Danube en ligne presque droite, de l'ouest à l'est, avec l'ancienne Dacie, pouvait aussi très-bien servir de grande-route.* Mais si telle avait été sa destination, est-ce qu'il était nécessaire de lui faire gravir des montagnes, quelquefois même sur plusieurs lignes, de le pourvoir de fossés profonds, entrecoupés de portes placées presque toujours à des distances régulières? En outre, ce qui distingue les rhings des fossés, c'est que les premiers étaient bordés de haies des deux côtés, tandis que les seconds ne l'étaient pas. Cependant des écrivains hongrois mêmes nous affirment que les fossés en étaient également pourvus, parceque sans cela, disent-ils, étant affaiblis par les portes, ils n'auraient pu servir de retranchements, mais simplement de limites.

Les questions de savoir qui a élevé ces retranchements, et contre qui ils étaient destinés, me semblent un peu précoces, et elles le resteront tant que nous n'aurons pas trouvé des bases plus solides, pour soutenir une discussion que je ne veux ni éviter lâchement, ni différer légèrement. Nous voyons que, malgré tous nos efforts, nous ne sommes que peu avancés, et nous regardons la disposition tout-a-fait régulière des Hringi et des tumuli qui les joignent dans la carte de M. Tomka Szászky comme une extravagance. Ne nous flattons donc pas d'en savoir trop sur cette question qui nous reste à étudier, et tâchons, en réunissant nos forces, d'achever ce travail trop pénible pour un seul homme.

Voyons donc les données que nous avons sur les retranchements, en observant l'ordre de l'ouest à l'est.

---

* Il dit la même chose dans : Die Grabungen des Erzbischofs von Kalocsa. 1873. p. 17; et dans : Magyarország műemlékeinek Ismertetése 1876. p. 14.

1º La ligne de Dombovár à Ujlak.

2º La ligne de Regöly à Palkonya, et à Lak.

3º La ligne de Jabloncza à Nádas.

4º La ligne de Kéménd à Uj-Bars, et de Hellemba à Selmecz.

5º La triple grande ligne du Danube supérieur au Danube inférieur, avec la ligne latérale de Füzes-Abony à Sajó-Sz.-Péter.

6º La ligne de Baja à Körös-Ladány.

7º La ligne d'Apatin à Körös-Ér.

8º La ligne de Feketetó à Tihó, et autres petites lignes.

9º Les lignes orientales en Transylvanie.

I. LIGNE DE DOMBOVÁR A UJLAK.

La ligne de Dombovár à Ujlak, nommée ligne de Somogyvár (comitat de Somogy, voir la carte) n'est connue que par les données que j'ai reçues en grande partie du comitat même. Je l'ai mesurée à Mernye, près du village, à l'ouest duquel se trouve le fossé qui a deux mètres de largeur. La hauteur du rempart, du fond du fossé jusqu'au faîte est de deux mètres, la base du rempart compte huit mètres de largeur. (voir entre les profils 1.)

Selon l'opinion du peuple, c'était autrefois une ligne de démarcation tracée par les fils d'un roi, lesquels, à la suite d'une querelle, se sont partagé le royaume.

Le même fossé se retrouve dans la forêt de Csöke, qui s'étend de l'ouest à l'est. Le rempart est au nord de la forêt. Le fossé a quatre mètres de profondeur, et le rempart huit mètres de hauteur, du fond du fossé jusqu'au faîte.

On appelle ici ce fossé : *Route de Trajan*. Il serait intéressant de savoir à quelle époque on a commencé à lui donner ce nom. Sur cette même ligne il y a un grand camp barbare, à Somogyvár.

Mernye
1
2
3
Gödöllö
4
5
Erdötelck
6
7
Sikula
8
Kubin
9
Temesvár
10
Máslak
11
(Blumenthal)
12
Öcsöd
13
Apatin
14
25 m.

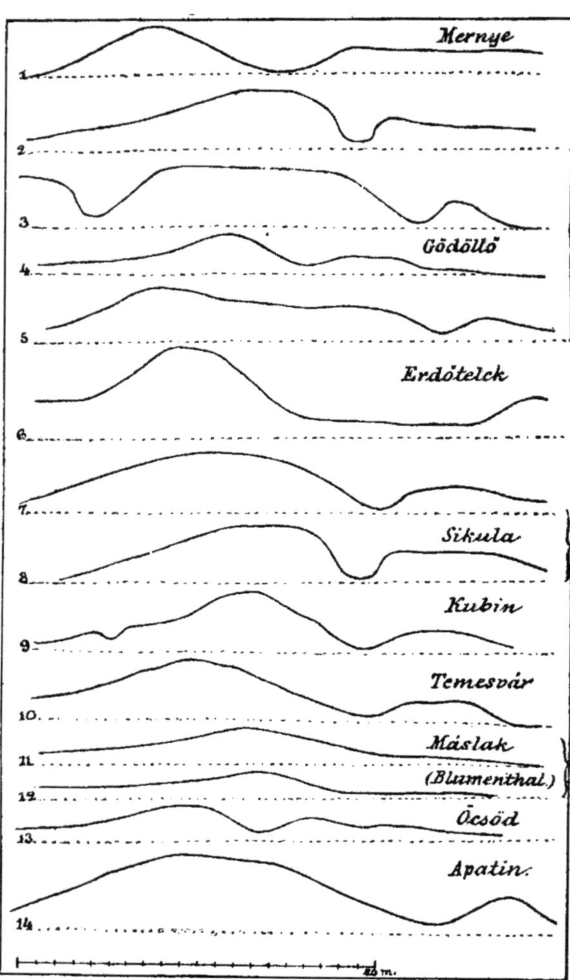

Fig. 12

II. LIGNE DE REGÖLY A PALKONYA ET A LAK.

La 2° ligne, dans le comitat de Tolna, va du nord au sud de Regöly par Murga à Nagy-Vejke.

A Regöly il y a un large camp barbare, qui a dû être le pivot de cette ligne.

On trouve la continuation de cette ligne principale, et suivant la même direction du nord au sud, dans le comitat de Baranya, de Bozsok à Palkonya et de Sátoristye à Lak.

Il serait bien possible qu'une de ces fortifications eût été faite par les Romains, car leur domination s'étendait sur cette contrée.

III. LIGNE DE JABLONCZA A NÁDAS.

Une petite partie, encore à étudier, est située dans le comitat de Poson, entre Nádas et Jablonitz; on l'appelle le *sillon du diable (ördög barázda)*, et M. le baron A. Mednyánsky en parle dans ses *Sagen und Legenden aus Ungarns Vorzeit*. M. le curé Jedlicska l'a aussi constaté et a bien voulu m'envoyer les notices sur cet objet.

IV. LIGNES DE KÉMÉND A UJ-BARS ET DE HELLEMBA A SELMECZ.

On voit dans le comitat d'Esztergom, deux lignes d'une grande importance dont l'une *A.* commence à Kéménd, et se dirige vers le nord jusqu'à Uj-Bars. Le camp barbare de Kéménd et les trois lignes semicirculaires formant les remparts de Bény semblables à un rhing bien conservé, me sont bien connus.

Voici ce que Bél, dans son MS. dit de Nagy-Bény: Locus hic ob ea quae narravimus, tum imprimis nobilis *ob vastum illud et antiquissimum vallum*, quo adhucdum includitur. Incingit enim eandem ripam *agger tergeminus* quorum maximus complectitur ambitu 1219 orgyas, altitudine orgyas 10. Par et interior est altitudine sed amplitudine dimidia parte minor, minimus autem qui intimus. Fama est vallum isthuc Kupam, quum S. Stephano se opponeret, excitavisse ; quiscunque is sit qui excitavit opus tamen molitus est toto regno memorabile. Stupendi enim et incredibilis operis est et fidem pene humanam excedit. Quae aggeris magnitudo nociva est, quia agricolationis modum impedit. . . .

Les opinions diffèrent beaucoup au sujet de ces remparts. Les uns les attribuent aux Romains et y cherchent quelque rapport avec la grande bataille de l'empereur Antonin et la légion fulminante ; les autres les regardent comme étant des ouvrages turcs. Ni les uns ni les autres ne connaissent les retranchements de l'époque à laquelle ils les font remonter. On ne peut les attribuer qu'aux barbares qui avaient établi, sur le bord de la rive droite de la Garam, leur oppidum, dont les ouvrages de ceinture s'accordent entièrement avec la description que nous possédons des rhings avares.

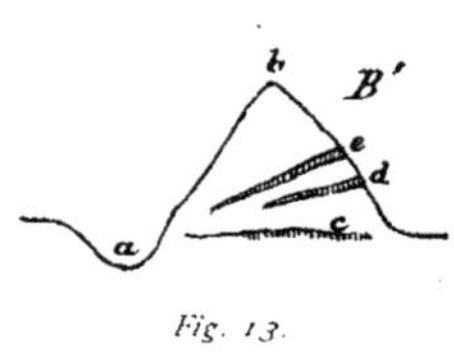
Fig. 13.

Ce qui caractérise ces retranchements, c'est l'aspect imposant de leurs proportions. Les fossés *a* ont une profondeur de neuf mètres sur une largeur de 22 mètres ; les remparts ont environ 20 mètres de largeur à la base, et ne dépassent guère six mètres dans leur hauteur. Ce qui me confirme dans l'idée que ce sont des parties d'un rhing, c'est que le faite *b*, dans bien des endroits n'a guère que 0·40 mètres de largeur, et semble n'avoir eu d'autre destination que celle d'être planté de haies épaisses. (Voir fig. 13.)

Dans le segment *B*, il est facile de remarquer les couches formées de la terre tirée du fossé ; la partie la plus éloignée du fossé *a* est composée de couches noirâtres provenant de la surface du sol, du humus qui a été enlevé d'abord et porté à cette place *c*; puis vient de l'argile jaune, au-dessus de laquelle se trouvent encore deux couches *d, e* de couleur noire, disposées en talus du côté opposé du fossé.

D'après les mesures que j'ai prises en comptant les pas, le diamètre de l'ellipse intérieure est d'environ 200 mètres; la distance, de là au moyen rempart, est de 160-220 mètres, et au rempart extérieur de 400 à 460 mètres, y compris la base des retranchements et les fossés.

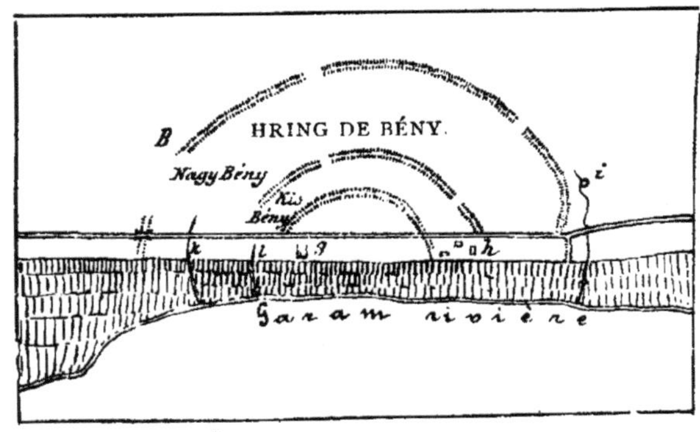

Fig. 14.

Outre l'ancienne prévôté des Prémontrés, *g* renfermée dans l'enceinte de ces ellipses, se trouvent encore vers le sud, les villages de Nagy- et de Kis-Bény, *k, l*, disposés de la même manière que les fermes *h* situées du côté opposé.

Je crois que c'est là un vrai *rhing*, le seul qui soit resté pour justifier, en partie du moins, la description d'Eccard.

L'autre ligne, *B.* qui va directement vers le nord, commence à Hellemba, sur la rive droite de l'Ipoly et s'étend jusqu'à Selmecz-Bánya. Les remparts d'une hauteur de 0·65 m. à 1 mètre, encore, visibles aujourd'hui sont formés de morceaux de terre cuite rouge, de différentes grandeurs, que les habitants ont pris pour des briques. Ce rempart était appelé *Route romaine* parce qu'on pensait qu'il avait été construit pour que les produits des mines d'or fussent plus facilement expédiés aux colonies romaines.

En regardant la carte avec attention, on en vient à l'idée que la ligne détachée du grand fossé supérieur, laquelle commence à Füzes-Abony (com. Heves), traverse Diós-Györ et aboutit à Sajó-Sz.-Péter doit se réunir aux vallées des comitats de Gömör, et de Zólyom, et former ainsi un cercle, ou l'enceinte d'un grand hring.

Voilà un sujet vraiment digne d'êtré étudié par messieurs les archéologues de cette contrée.

V. LES GRANDES LIGNES DU DANUBE.

La triple ligne située entre le Danube supérieur et le Danube inférieur est celle qui a été étudiée le plus soigneusement, et aussi décrite le plus souvent.

Il ne faut qu'un coup d'œil pour voir que cette ligne est, pour la Hongrie d'aujourd'hui, le hring le plus important, celui que Tomka-Szászky appelle, du nom d'une de ses branches, *Hagia Budae*, et *Olpar, Hringus Metropolitanus*.

Le comte *Marsili* dans le : *Danubius Pannonico-Mysicus (Hagae comitum et Amstelodami,* 1726, pars II. tab. I.) donne les dessins de plusieurs fortifications romaines, et entre autres celui d'un retranchement qu'il appelle Via-Jarka, fossa et agere (sic) constructa. La première partie de ce nom *Via* vient peut-ètre de l'idée de la route de Trajan; tandis que la seconde partie : *Jarka*, signifie un fossé, comme l'expliquent les mots latins dont il fait suivre ce nom. Le même nom est aussi appliqué, par Marsili, au retranchement d'Apatin et au fossé de *Probus ;* mais en parlant de celui de la Dobrudscha il dit : *Trajani Callis,* fossa et agere (sic) constructus.

Comme sa carte elle-même n'est pas très exacte et que la plupart des noms y sont changés, nous constatons seulement que la ligne de Marsili commence à peu près à Duna-Keszi, passe au dessous de Hatvan, monte presque jusqu'à Eger et prend la direction du sud au sud-ouest de Tokay ; de là elle descend, entre Fejértó et Debreczin, en traversant les trois Körös, jusqu'à la Maros qu'elle traverse aussi à l'est d'Arad, en laissant à sa gauche la forteresse de Farba (?) dans la puszta Földvár ; puis suivant une ligne droite jusqu'à Temesvár qu'elle laisse à l'ouest, elle arrive au Danube, vis-à-vis de Kasztolatz (l'ancien Viminacium).

C'est un grand mérite de Marsili d'avoir reconnu que ces deux branches, malgré leur nouvelle séparation, sont les tronçons d'une même ligne ; mais comme il est difficile d'en suivre la trace sur le croquis qu'il a fait, nous ne pouvons pas déterminer laquelle des trois lignes dessinées par nous peut s'appliquer à celle de Marsili.

Je donne ici les détails que j'ai obtenus sur ces lignes en 1864 et dans les années suivantes.

Au mois de juin, j'ai commencé, avec M. Henszlmann et mon ancien camarade M. Denis Orbay, à mesurer ce qui reste du soi-disant Csörsz-árok, près de Gödöllő, côté de l'ouest, c'est-à-dire le fossé entre Puszta Sz.-Jakab et Mogyoród, dans la direction de Fóth et de Puszta-Allag, dont il marquait autrefois les limites. Ce fossé qui est aujourd'hui comblé, traversait le territoire du village de Dunakeszi, dont une partie s'appelle encore Csörsz-dülő, et entrait dans le Danube, vis-à-vis de Kaláz.

Dans les vignes de Mogyoród appelées S .mló, il ne reste plus guère de vestiges de ce fossé; mais dans la plaine, sur le territoire de Kis-víz, on le retrouve profond et plein d'eau. Ce qui me semble étonnant, c'est que le retranchement n'occupe pas partout le sommet des collines, mais qu'il en suit quelquefois les pentes.

On a souvent trouvé des bronzes auprès des fossés, mais jamais on n'y a découvert de murs ou quelque autre espèce de fortification.

Quelques personnes qui s'occupent de ce fossé prétendent qu'il se trouvait dans la partie qui a disparu, et qu'il ne reparait qu'aux environs de Valkó; cependant en sortant des vignes de Mogyoród, à la distance de 28 mètres, nous avons retrouvé le fossé qui a une profondeur de 3·30 m., et une largeur de 3 m. au fond; le rempart compte à sa base 10 m. de largeur et au faîte seulement 2·30 m. (Voir les Profils des fossés 2, 3, 4.)

A 32 mètres de là, on trouve une entaille, une porte dont les deux côtés sont recouverts de gazon; la seconde porte est à 120 m. A 76 m. il y a deux entailles, et à 120 m. une large porte; puis viennent d'autres portes à des distances presque égales; à 56, 84, 56, 88, 68, 84 et 72 mètres environ. Nous avons pris ces mesures en faisant des pas égaux, et en comptant cinq pas pour deux toises, et deux mètres pour une toise.

Quand on est arrivé aux trois bornes de Mogyoród, de Sz.-Jakab et de Kerepes, et que l'on a gagné la vallée, le fossé se comble, mais en parcourant les champs, on trouve encore des passages, à des distances variant de 72, à 36 et 24 mètres, où les remparts reparaissent, à 90 m. plus loin ils s'abaissent; des portes se montrent à 72, à 36 et à 24 mètres, puis commence le double fossé; le second a 2·15 m. de profondeur, et le premier presque 3 mètres; la base du rempart entre les fossés est de 19 mètres.

Là se trouve la seconde borne. Puis à 48 m. vient une porte, après laquelle l'élévation du rempart cesse, et vient.

      la 3e borne; la porte suivante est
à 102 m.   4e borne; le double fossé cesse
à 64 m.   5e borne; le rempart baisse, le fossé devient moins profond
à   86 m.   6e borne; on voit la cabane du gardien.

    La double fossé reparait, les distances sont:

         7e borne à
112 m.   8e   »   à
 68 »   9e   »   à
100 »   10e   »   à

104 m. 11e borne à

60 » 12e » après la route de Csömör à

68 » 13e » vieux chênes à

52 » 14e » à

108 » 15e » à

64 » 16e » à

80 » 17e » à

52 » 18e » &c.

Les vestiges des remparts et des fossés continuent à des distances de 60, 72, 70, 60, 112 mètres, &c. jusqu'à la 25e borne où le fossé s'approche des champs voisins des collines; à 500 mètres de l'avenue qui conduit à Tarcsa, du côté du sud, le fossé a un mètre de profondeur; il disparaît dans les pâturages de Szárító; mais à droite, de la route de Valkó, vers l'ouest, on le retrouve. Dans la première partie, on en distingue les deux bords, plus bas on ne voit que celui qui est en deçà de la route, le vent a fait ébouler l'autre dans le fossé, qui n'a qu'un mètre de largeur; la base du rempart paraît avoir été de huit mètres; il mesure à peu près un mètre dans sa hauteur.

Près de la bergerie nommée Puszta, le fossé a 1·70 m. de profondeur et parcourt une distance de 530 m.; de là faisant un coude, il suit la vallée jusqu'à Vaskapu, où il a 1·32 m. de profondeur sur 6·35 m. de largeur; les remparts comptent huit mètres de hauteur. Sur le territoire de Sz.-László, le fossé passe par les champs, où il est moins apparent, mais il redevient bien visible sur la montagne, d'où il prend sa direction vers Tura et Fényszaru.

Cette ligne, ainsi que l'autre, s'étend jusqu'à Kis-Kürü et on la retrouve de l'autre côté de la Tisza à Tisza-Igar.

La ligne supérieure commençait vraisemblablement aux environs de Vácz, mais elle ne devient visible qu'à Mácsa[*]; de là elle descend par une courbe à Árok-Szállás, où nos géographes commencent à en faire mention; puis elle remonte en forme d'arc vers Erdőtelek et va gagner à Árok-tö la Tisza, où sur l'autre rive elle décrit une nouvelle courbe vers le midi pour aller aboutir à Püspök-Ladány.

Il y a encore une troisième ligne presque parallèle, qui doit s'étendre dans la partie méridionale du royaume, mais je ne la connais que par la tradition. Elle doit commencer près d'Isaszeg, prendre sa direction vers Jász-Ladány et cesser à Bánhalma, si elle ne se réunit pas avec la ligne de Csege-Püspök-Ladány.

[*] Selon M. l'ingénieur J. Varsányi, les remparts sont aussi visibles à Magyalos, Erdő-Tarcsa et Kalló.

Nous avons aussi pris les mesures d'une ligne qui se dirige vers Erdö-Telek ; on nous en avait beaucoup parlé à Budapest, et l'on nous avait même raconté que les remparts y étaient encore bien conservés. C'est pourquoi je suis parti, la même année 1864 en compagnie de M. l'abbé Beda Dudík et de M. le dr. Henszlmann, pour étudier la ligne du comitat de Heves. D'Abony nous sommes allés à Jász-Apáti, pour y chercher la ligne, dite mineure, mais on ne peut même plus en voir les vestiges ; l'agriculture les a effacés et les habitants du pays ont perdu le souvenir des anciens indices qui auraient pu nous guider. A Heves même, les vieillards parlent encore, il est vrai, *du fossé du diable*, mais à la place où ils se souvenaient d'avoir vu les remparts, le sol était parfaitement uni.

D'autant plus grande a été notre surprise de rencontrer à Erdö-Telek des retranchements que l'agriculture, moins avancée dans cette contrée, avait épargnés, du moins assez pour en laisser des traces évidentes.

Nous étant approchés des retranchements, nous y avons d'abord trouvé une grande quantité de tessons de belle grandeur ; puis nous nous sommes mis à compter les pas, à partir de la porte du rempart, par laquelle passe la route qui va à Füzes-Abony.

De la porte, à la	1e incision	76 mètres	
» » 1e » » 2e	»	68	»
» » 2e » » 3e	»	144	»
» » 3e » » 4e	»	132	»
» » 4e » » 5e	»	160	» le fossé devient profond.
» » 5e » » 6e	»	200	» la plus grande profondeur. (Voir les profils, n° 6).
» » 6e » » 7e	»	120	»

Nous avons trouvé là plusieurs puits, qui ont jusqu'à trois mètres de profondeur ; une route qui coupe le rempart, en laisse voir la base d'argile, recouverte de humus.

Puis, continuant nos investigations, nous avons compté :

de la	7e à la	8e incision	122 mètres	
» » 8e » » 9e		»	200	»
» » 9e » » 10e		»	128	»
» » 10e » » 11e		»	200	»
» » 11e » » 12e		»	52	»
» » 12e » » 13e		»	40	»
» » 13e » » 14e		»	146	»

Au 64e mètre on passe un pont jeté sur le fossé, les remparts s'abaissent sensiblement.

de la   14e à la 15e incision 366 mètres. Le rempart s'élève à la hauteur ordinaire.

»   »   15e »   » 16e   »   84   »   La ligne se dirige vers le sud.

»   »   16e »   » 17e   »   52   »   La partie supérieure laisse voir l'argile.

»   »   17e »   » 18e   »   52   »   On remarque une légère inclinaison dans la direction.

»   »   18e »   » 19e   »   172   »   Le fossé est comblé.

»   »   19e »   » 20e   »   204   »   Il est traversé par un chemin.

Le fossé se perd ensuite aux environs de Füzes-Abony, mais il reparaît près de Tárkány; la route le coupe à cet endroit, et il est presque comblé; puis entre Egerfarmos et Poroszló, il prend la direction de Lövö et d'Árok-tö, où il traverse la Tisza.

Pour la continuation de cette ligne, je dois me baser sur les renseignements que j'ai reçus des autorités des comitats, qui me les ont donnés simplement d'après les récits des habitants du pays; leurs assertions ont encore besoin d'être constatées par des hommes compétents. Les données que nous a fait parvenir M. le curé TARICZKY, qui depuis plusieurs années s'occupe d'archéologie préhistorique, nous paraissent seules dignes de foi. M. Tariczky nous écrit:

L'ancienne île de la Tisza formée par les eaux de la Tisza et le vaste terrain inondé avait une superficie de près de 1000 mètres entre Madaras-Karczag-Üllő le lac de la Tisza, et Karczag-Nádudvar. Ce terrain inondé, appelé Zádor-rétség, d'où le Berettyó recevait ses eaux, ainsi que le terrain plus élevé, renfermaient une quantité d'anciens établissements.

Une partie de cette île était formée par l'Elő-Tisza (l'avant Tisza, le bras antérieur de la Tisza qui l'entourait du nord au sud: elle comprenait : Tisza-Eörvény, Domaháza, Szöllős, Igar, Örs et Gácsa: l'autre partie renfermait : Tisza-Füred, Kócs, Egyek, Óhát, Nagy-Ivány, la moitié du territoire de Zám et une portion de celui de Nádudvar.

Cette île avait également l'Elő-Tisza pour limite au nord, mais à l'ouest elle était bornée par les eaux de l'Árkos-ér qui, commençant à Völgyes et alimenté par les eaux de la Tisza a 17·64 kilomètres, et joint la Tisza avec le Hortobágy.

Au milieu de ces immenses étendues d'eau, de marais et d'iles mouvantes coule l'Árkos-ér (fossé d'eau) canal artificiel dont les remparts barbares sont encore visibles aujourd'hui, et devaient servir à la fois de ceinture aux pâturages, et de défense contre les incursions soudaines des ennemis. Pendant l'invasion des Tartares, nos ancétres ont plus d'une fois cherché un refuge dans des retraites semblables à celle-ci, comme l'écrit le chanoine Rogerius dans son *Carmen miserabile.* (Voir : SCHWANDTNER, *Script. Rerum Hung.* Tyrnaviae MDCCLXV. I, chap. XXXIV.)

En outre, il existe encore, dans l'intérieur de cette grande île, un rempart barbare, nommé *fossé du diable*, qui est situé sur le territoire de Nagy-Iván.

Ce fossé a 2150 m. de long et forme, avec Labodás-fenek, Mérges-fenek et Sárkad-ér, ainsi qu'avec les eaux qui sortent de ces localités, un triangle de 1000 acres de superficie. Il pouvait servir à protéger Mérges-fenek et Sáros-ér et d'autres territoires contre les inondations éventuelles.

Dans les comitats des Hajdu, de Szabolcs et de Bihar, nous n'avons que quelques indices désignés sur la carte par des lignes pointées ; les données plus certaines ne commencent que dans le comitat d'Arad, où à l'ouest de Boros-Jenő, à Sikula, on trouve le vrai grand fossé qui prend sa direction vers Nagy-Várad.

La ligne qui passe par la forét de Sikula est très-longue ; le fossé se trouve du coté de Gurba, c'est-à-dire au nord-nord-ouest. Sa largeur est de 4 mètres, et sa profondeur de 1·62 m.; la base du rempart du côté de Boros-Jenő a 10 m. de large et sa hauteur est de 1·30 m. — A un autre endroit la largeur compte 3 m., la profondeur 2 m.; la base du rempart 10 m., sa hauteur 1 m. (voir les profils 7, 8.)

Pour constater la partie inférieure de cette ligne, j'ai commencé mes travaux le 9 septembre de l'année 1866; et dans ce but, pendant mon voyage destiné aux investigations des fortifications romaines près du Danube, je suis allé tout exprès à Kubin. Sur les cartes géographiques, sur celle, par exemple qui a été dressée par M. B. Billet (voir : l'*Atlas* de M. GÖRÖG, pl. 58) le fossé commence à Deliblatt dans la direction nord-ouest; cependant, à un quart d'heure de distance de Kubin, je l'ai trouvé dans un très-bon état. Le fossé du côté de l'est a au fond 3 m. de largeur, une profondeur de 2·60 m., et au niveau du sol, une largeur de 8·60 m. La base du rempart compte 16 m. de largeur, et la cime trois mètres; sa hauteur est de 3 m. (voir les profils 9.)

Ces remparts sont aussi percés de portes à des distances presque égales, ce qui indique que ces coupures n'ont pas été faites au hasard, ni dans les siècles derniers, mais qu'elles datent de la même époque que les remparts et avaient un but déterminé.

A 320 m. de l'endroit où l'on peut constater l'existence des remparts, j'ai trouvé la première porte qui a 12 m. de large et est bien profonde; 176 m. plus loin, il s'en trouve une plus petite; à 120 m. de là, une troisième; puis encore d'autres à des intervalles de 124, 8, 120, 120, 120 et 40 mètres. J'ai compté les portes jusqu'à la plus grande ouverture où j'ai remarqué un double fossé, l'un de 1·65 m. de large; le rempart a une base 10·62 m. de largeur; le faîte a 3 m., et la hauteur est de 7 m.; l'autre fossé a 9 m. de largeur.

Je ne connais les autres lignes parallèles que par les cartes du Banat, et les descriptions qu'en ont faites plusieurs écrivains. Aux environs de Temesvár, entre Freydorff et Kissova, les mesures de ces remparts, qui sont pour la plupart effacés par la charrue, sont difficiles à constater. Les fossés sont du côté de l'ouest, mais ils ne sont presque plus visibles. Les bases des remparts que j'ai mesurés à deux endroits ont de 16 à 12 m. de largeur; la cime 4 m., et la hauteur varie de 4·65 m. à 1·45 m. (voir les profils, 10)

Comme le terrain est marécageux, il y a aussi des fossés et des canaux d'une époque plus récente.

En approchant de la partie de la ville, nommée Josefstadt (faubourg Joseph) les fossés commencent à disparaître; après avoir traversé une tuilerie, ils s'effacent entièrement dans la direction des dernières maisons de la Rosengasse.

En marchant vers le nord, aux environs de Bruckenau, sur le territoire de Bencsek, près de la métairie de Schumanda, j'ai mesuré le fossé qui se trouve à l'est. A une place, le faîte des remparts a 5 m. de large, et 0·95 m. de hauteur; à une autre place, la hauteur du rempart à partir du fossé est de 8 m.; le fossé a 3 m. de profondeur (voir 1. p. 11, 12).

A Pécska, comitat d'Arad, j'ai aussi trouvé un grand rempart, dont la carte nous a été envoyée par le ministère des finances.

VI. LIGNE DE BAJA A KÖRÖS-LADÁNY.

Bien différente des autres lignes est celle qui commence à Báth-Monostor, et qui, de Baja, prend la direction du nord-est, passe par les territoires de Jankovácz, de Halas, de Bodoglár, de Puszta-Ferencz Szállás, et de Puszta-Kis-Szállás, traverse la Tisza près de Szelevény et, cotoyant la Puszta-Szent-István, Öcsöd, Pó-halom, aboutit à Szeghalom.

Quoique j'aie été à Baja pendant les fouilles de Vaskut, et que j'aie cherché partout les antiquités préhistoriques, je n'ai nullement entendu parler de cette ligne du fossé du diable. Je ne la connais que d'après la carte géographique de M. Laurent Bedekovits, jointe à l'ouvrage de M. Pierre Horvát : *Commentatio de initiis ac majoribus Jazygum et Cumanorum*, 1802.

Mais pendant divers séjours que j'ai faits à Tisza-Földvár et à Kún-Sz.-Márton, j'ai eu plusieurs fois l'occasion de traverser l'Ördög-árok, connu sous ce nom par tous les habitants du pays.

Près de la Csárda de Gyula, aux environs de Kún-Sz.-Márton, sur le territoire d'Almásy, auprès du moulin à vent, on voit, un peu plus élevée que le sol, la route qui va de l'ouest à l'est. Une autre partie, appelée le grand fossé, Nagy-árok se montre entre Csépa et Szelevény.

Près de Öcsöd au nord-ouest du village, à une distance d'un quart d'heure, on voit, au milieu des champs, les vestiges d'un fossé dont le rempart est du côté du nord. La largeur du fossé est de 15 m., la profondeur 0·65 m. La hauteur du faite du rempart, mesurée du fond du fossé est de 1 m. (voir I. p. 13)

Il est facile de voir que ce fossé sera bientôt détruit par le soc de la charrue, et dans peu de temps il arrivera ici ce que nous avons déjà remarqué à Heves et Puszta-Istvánháza, où l'on ne voit plus que, ça et là, quelques vestiges de fossés lesquels existent aujourd'hui beaucoup plus dans la mémoire du peuple qu'en réalité. C'est une raison de plus pour que nous nous hâtions de constater, de vérifier ces lignes avant qu'elles aient entièrement disparu, et que nous en soyons réduits à nous en rapporter aux récits douteux des paysans.

VII. LIGNE D'APATIN A KÖRÖS-ÉR.

Entre le Danube et la Tisza, il nous reste encore un grand retranchement, lequel, partant d'Apatin (comitat de Bács) côtoie la rive gauche du Danube, puis traversant le fossé romain, monte de l'autre côté jusqu'à Csik-ér, sur le territoire de Petrovoszelo, selon d'autres, jusqu'à Körös-ér, près de Magyar-Kanizsa.

Pour étudier cette soi-disant fortification, je suis allé à Apatin, vers la fin du mois d'août 1866, avec mon ancien élève M. Ladislas Zombori. Ce rempart, quoiqu'il soit quatrefois plus long que le fossé romain, est appelé le *petit fossé romain*, probablement, je pense, à cause de cette circonstance, qu'il n'a pas de vrais fossés, comme le *vallum romanum*, œuvre magnifique et imposante, bâtie d'après les règles de l'art stratégique des Romains.

Pour que mes lecteurs aient une juste idée de ces remparts, je dois leur faire remarquer que les fossés les plus larges et les plus profonds se trouvent à l'est, c'est-à-dire du côté opposé au Danube, ce qui montre que les remparts n'ont pas été bâtis pour arrêter l'ennemi, mais pour protéger les pays riverains, couverts de marais et de forêts inondées, contre la violence des eaux du Danube.

De nos jours encore, sur les terrains exposés aux inondations, on élève des digues pareilles à celles-ci, et le fossé qui se trouve à côté n'a été creusé que pour en tirer la terre nécessaire à la construction de la digue; et ce qui vient encore à l'appui de mon opinion, c'est que ces contrées qui ne sont pas habitées aujourd'hui, ne l'étaient pas d'avantage autrefois, et n'étaient recherchées que pour la chasse et la pêche. L'idée que ces remparts ont été élevés contre les peuples méditerranéens est donc inadmissible. Enfin quelques détails sur les profils du terrain de la partie méridionale du comitat de Bács nous convaincront encore mieux de la vraisemblance de mon assertion. Toute opinion contraire, je le répète, me semble devoir être repoussée.

Le long des remparts ou des digues, on voit aussi, à de certaines distances, des passages ouverts probablement, il n'y a pas bien longtemps, par les paysans qui viennent pour chercher du bois dans les forêts situées derrière les digues.

En partant de l'endroit où il y a une statue de saint sur le bord du chemin qui conduit à la forêt d'Akovitz, j'ai trouvé

à *a)* que la largeur du fossé est de 3 mètres; le profoudeur 0·65 m.; la base du rempart a 20 m. de large et le faîte 8 m.; du fond du fossé jusqu'au faîte du rempart il y a 6 m. Les côtés étaient plantés d'arbres.

à *b)* A la distance de 416 m. il y un passage de 16 m.; les fossés sont étroits; la base du rempart a 16 m.; le faîte 4 m. de largeur.

A la distance de 172 m.: un passage de 8 m.

à *c)* La base du rempart a 16 m.; le faîte 4 m. de largeur; la hauteur est de 3 m.

A la distance de 344 m., un passage de 7 m.

à *d)* Il n'y a pas de fossé; la base du rempart a 16 m.; le faîte 4 m. de large; la hauteur 3 m.

A la distance de 160 m.: un passage de 16 m.

à *e)* La base a 16 m.; le faîte 8 m. de large; hauteur 3 m.

A 160 m. plus loin : un passage de 6 m.

à *f)* Le fossé est à l'ouest; sa profondeur est de 1 m.; la base du rempart a 20 m., de large; la hauteur 10 m. (voir les profils, 14.)

De là à la distance de 240 m., il y a un passage de 6 m.; puis également un autre de 6 m, à la distance de 112 m.; — 124 m. plus loin, la forêt est séparée des champs par un fossé limitrophe, après lequel la ligne disparaît entièrement.

VIII. LIGNE DE FEKETE-TÓ A TIHÓ.

Cette ligne marquée par M. le professeur Charles Gooss, sur sa carte archéologique de Transylvanie, y est désignée comme retranchement romain. Cette assertion est mise en doute par M. le dr Ortvay. Comme je n'ai pas pu en juger par moi-même, je me tiens sur la réserve, mais par l'analogie des lignes, je suppose que celle-ci est plutôt barbare que romaine.

Que l'on me permette de faire mention, ici, des remparts qui doivent se trouver sur le sommet de la montagne, près de Móor, (comitat de Fejérvár) ainsi que des fossés signalés en différents endroits, mais dont il ne reste plus de traces. Je voudrais attirer l'attention des archéologues sur ces points qui, avec le temps finiraient peut-être par nous faire connaître des lignes bien importantes.

IX. LIGNES DE LA TRANSYLVANIE ORIENTALE.

A l'orient de la Transylvanie, dans le pays de Székely, le zélé ethnographe et archéologue baron Blaise d'Orbán a découvert plusieurs parties de fossés, lesquelles réunies par des points, offrent deux ou trois lignes, aujourd'hui encore un peu confuses en quelques endroits, mais qui, avec le temps et un travail assidu, pourront devenir une ramification de la branche de Fekete-tó, vers laquelle elles semblent incliner.

Toutes ces données diverses, sur lesquelles je me suis guidé, se trouvent dans le grand ouvrage publié par M. le baron, et qui est intitulé : *A Székelyföld leirása,* c. a. d. Description du pays des Székelys, Pest, 1868, en 6 volumes avec beaucoup d'illustrations. Les noms sous lesquels ces fossés sont connus paraissent quelquefois être de récente origine, par exemple, Tündérek-utja, la route des fées; ceux que l'on rencontre le plus souvent sont : Ördög-barázda, le sillon du diable; dans d'autres endroits : Kakas-barázda, le sillon du coq; Ördög-, Attila-,

Rapsonné-, Papok-, Tatárok-utja, la route du diable,
d'Attila, de la Rapson, des prêtres, des Tartares; Hon-
árka, le fossé de la patrie, Ország-határa, la frontière du
royaume; Fejedelmi-méta, les limites de la principauté, &c.

Je n'hésite pas à déclarer que si nous n'avions pas
toujours été occupés de questions précoces et inutiles,
que si, au contraire, *nous avions constaté partout les restes
de ces grands fossés,* nous pourrions, dès maintenant, à
l'aide de l'archéologie, résoudre plusieurs problèmes dont
nous ne trouverons pas les clefs, avant que nous ayons
acquis la parfaite connaissance de toutes les lignes indiquées dans ce chapitre.

Notre unique consolation est de penser qu'ailleurs,
on a aussi éprouvé les mêmes difficultés, et que partout
les commencements ont été difficiles; mais je suis con-
vaincu aussi que l'espoir de faire un pas en avant, d'obtenir des résultats que nous puissions joindre à ceux de
nos collègues étrangers, nous donnera la force et la per-
sévérance nécessaires pour arriver à notre but.

Voilà ce que mes études de quelques années ont
produit. Ce n'est pas trop, ce n'est même pas beaucoup,
mais c'est quelque chose. La plupart des idées que j'ai
émises sont fondées; mes chers collègues ne manqueront
pas d'encouragement pour apporter leur part à la construction de l'édifice et, dans un travail si compliqué,
c'est déjà un grand avantage de démêler une partie du
fil d'Ariadne.

IV.

LES CAMPS BARBARES FORTIFIÉS. (Pogány-várak.)

Nous pouvons poser en principe que, hors les monuments mégalithiques et les palafittes, on trouve dans notre pays toutes les autres espèces d'antiquités, quelquefois semblables à celles qui ont été trouvées ailleurs, d'autres fois modifiées par certaines circonstances ou par les particularités naturelles du sol. Nous devons chercher et rechercher encore sans nous laisser rebuter par les difficultés, ni abattre par la fatigue, et nous finirons par voir nos recherches couronnées par le succès, dût-il se faire attendre des mois et même des années !

Il ne faut que jeter un coup d'œil sur le passé, pour nous convaincre que j'ai raison.

Un de nos grands défauts, que du reste, nous avons de commun avec tout le monde, c'est que le plus souvent, nous n'étudions que les objets les plus marquants, ceux qui frappent les yeux et qui sont les plus faciles à reconnaitre, sans penser qu'ordinairement, ce sont précisément les choses les moins apparentes qui pourraient nous offrir le plus d'intérêt.

Combien de lignes de remparts nos chasseurs, nos ingénieurs, nos naturalistes ont passées dans nos forêts, dans nos prairies sans se douter qu'ils foulaient aux pieds les frères de ces grands remparts qui figurent en deux grandes branches sur nos cartes. Mais il faut aussi se garder de s'imaginer que tous les fossés, toutes les terrées que l'on rencontre sont des remparts, qui ont dû servir à la défense d'une province.

Ces grands rétranchements n'offraient sans doute pas encore, par eux-mêmes, les garanties nécessaires de sûreté, car partout ils sont munis, soit en avant, soit en arrière de remparts plus petits, de peu d'étendue, presque toujours circulaires ou elliptiques, et souvent en communication les uns avec les autres, ou avec les longs retranchements. Ces retraites ont été le salut de bien des familles, de tribus même, qui ont trouvé un abri dans leurs enceintes.

Les endroits fortifiés par leur position inaccessible, soit qu'ils fussent entourés de précipices, ou placés au milieu de marais inabordables pouvaient bien se soutenir par eux-mêmes, cachés qu'ils étaient par des bois épais ou par les roseaux et les bosquets des marécages. Mais dans les terrains plats ou sur les collines moins élevées, les camps devaient avoir une disposition toute différente. C'est pourquoi nous ne trouvons que rarement des fossés sur les montagnes d'un accès difficile; c'eût été un travail pénible et inutile; la même raison existait pour les vallées étroites et profondes, parce qu'elles ne pouvaient pas servir à défendre des places qu'elles ne cachaient pas. C'est ce qui fait que nous trouvons souvent des camps dans les plaines ou sur les bords de grands étangs, et le plus souvent sur les plateaux des montagnes et des collines.

Les camps élevés sur des collines étaient ordinairement en communication avec ceux qui étaient dans la plaine; de longs fossés ou des abattis d'arbres les réunissaient. Ces fossés, qui avaient quelquefois plusieurs mille mètres de longueur, devaient servir à arrêter les incursions soudaines de l'ennemi, et surtout les surprises de la cavalerie.

Ceux qui savent quels obstacles peut opposer une large barrière formée d'une accumulation d'arbres et de haies abattus, comprendront combien la marche des troupes ennemies était retardée par de tels moyens de défense. Sur nos montagnes boisées et aussi en Croatie, on voit encore souvent ces espèces de haies qui entourent les propriétés des paysans.

La situation des camps dans les marais, espèce de crannoges était encore plus avantageuse ; ils étaient non seulement cachés, mais leurs alentours les défendaient même contre l'idée de vouloir les attaquer dans leurs cachettes.

Par les défrichements des forêts et par la canalisation des marais on a mis à découvert partout, depuis quelques années, des remparts barbares ; mais c'est un grand préjugé de penser que ces fortifications communiquaient entre elles au moyen d'un système de signaux, qui jadis étaient cachés par les forêts, et qui sont seulement visibles aujourd'hui parce que les forêts sont détruites ; ou qu'elles se trouvent exclusivement dans notre pays ; ou encore que les tumuli, et les fossés étaient une spécialité de la population hongroise. Au contraire, nous pouvons démontrer par une induction très étendue que nous ne connaissons pas un seul peuple voisin qui, dans l'antiquité la plus reculée, n'ait eu presque les mêmes mœurs, les mêmes demeures, la même organisation de défense, la même industrie, etc. . . . ce qui prouve que, dans ces temps-là, les peuples barbares de la même constitution, vivant dans les mêmes mediums, avaient aussi au même degré, cette culture primitive qui, de temps en temps s'est élevée successivement chez les peuples entre lesquels le commerce, les guerres etc. établissaient des relations.

L'isolement absolu des anciens peuples était presque impossible, si nous admettons que dans l'antiquité

l'homme avait la même nature qu'aujourd'hui, la même
tendance à l'avancement, à l'imitation, la même envie
d'atteindre, dans tout, le degré de progrès où les autres
étaient arrivés, et que ces qualités ne sont pas la propriété d'une classe privilégiée, mais qu'elles appartiennent
à toutes les couches de l'humanité. C'est pourquoi, les
frontières naturelles, comme les vastes mers qui entourent les îles, les immenses marais qui défendent l'accès
des terrains secs, ou les hautes montagnes qui enserrent
les vallées n'ont pu rester infranchissables, ni opposer
des barrières à l'ancienne industrie; celle-ci a pénétré
partout où il y avait une place pour un homme. Si ces
observations nous fournissent un argument contre les
frontières naturelles, à plus forte raison peuvent-elles
nous en fournir un contre les frontières ethnographiques
et politiques d'aujourd'hui, lesquelles, nées d'une ambition
ridicule, ne savent, en dépit du bon sens et de l'histoire,
que soulever des préjugés de nationalités, et augmenter
l'envie, la rivalité et la confusion.

Après plusieurs années consacrées à des observations
et à des excursions dans presque toute la Hongrie, j'ai
trouvé, dans notre pays, toutes les variétés des camps
barbares, connues dans les états voisins et même dans
les parties du monde les plus éloignées; tous datent des
mêmes époques chez nous comme à l'étranger.

La plupart de ces camps sont entourés de remparts
de terre, quelquefois de terre cuite; quelques-uns n'ont
aucune ceinture de défense, parce que leur situation
sur des rochers escarpés, ou au milieu des marais profonds, ou des haies impénétrables suffisaient pour les
défendre.

Le nom de *Földvár*, camp de terre, qui se trouve
fréquemment non seulement sur nos cartes, mais aussi
dans la bouche du peuple, nous montre que ce mode de
fortification était le plus usité dans ce temps-là.

On ne peut mettre en doute que ces fortifications irrégulières, sur les cimes des montagnes ou au milieu des marais, n'aient appartenu autrefois aux indigènes ; cela ressort clairement, d'abord, de leur situation dérobée à la vue par les forêts ou par les roseaux des marécages ; ensuite de la manière dont les parties supposées faibles étaient entourées de trois à cinq lignes de ceinture ; et enfin, de cette circonstance qu'ils n'occupaient jamais les embouchures des fleuves ou des rivières, comme les castellums romains qui étaient bâtis en carrés presque toujours réguliers et flanqués de tours défendues par les ballistes et les catapultes.

Cette différence devient encore plus évidente si nous examinons la ligne des fortifications de la rive droite du Danube, où les Romains ont laissé intacts les camps fortifiés des barbares, après s'en être emparés, se contentant d'exercer sur eux une certaine surveillance au moyen des camps réguliers qu'ils ont construits à peu de distance de là.

Mais on n'a pas toujours su tenir compte de cette différence pourtant si marquée, et cette ignorance a été la source de bien des erreurs, principalement dans les contrées où les deux espèces de remparts se sont trouvées confondues.

Jusqu'à présent, deux archéologues seulement s'étaient occupés de cette question ; l'un est M. le baron Blaise d'Orbán qui a publié ses observations sur quelques remparts barbares dans son célèbre ouvrage *Székelyföld leirása*; l'autre, M. Béla Majláth, explorateur zélé du comitat de Liptó, qui y a découvert 21 remparts, les a décrits et les a désignés sur sa carte archéologique.

Mais ce n'est pas seulement dans ces contrées qu'on trouve des camps païens ; on en a reconnu jusqu'à ce jour une centaine, plus grands et plus intéressants, dispersés dans tout le royaume, et qui peuvent nous donner une

idée des demeures de ces vaillantes tribus, et de ces
camps fortifiés par des fossés profonds, par des remparts
de terre, comme il s'en trouve en Bohème, en Autriche,
en Styrie, dans le Lusau etc. etc., et dont les dessins
ressemblent exactement à nos camps barbares.

Une partie des ces remparts ont conservé leurs
noms, et, comme les Allemands ont leurs *Heidenschanze*,
Heidenwehr, nous avons nos *Pogányvár*, forteresses des
païens. Sur les élévations dépouillées aujourd'hui d'arbres,
où rien n'empêche de les voir, on les reconnait facilement de loin à leur forme conique naturelle, aux cercles

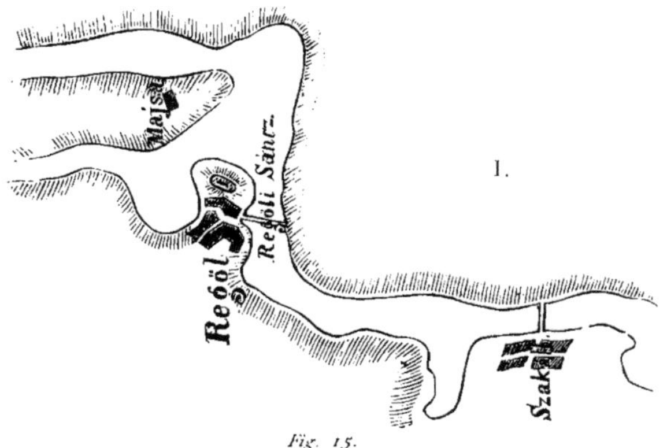

Fig. 15.

de fortifications qui les entourent à différentes hauteurs,
semblables à de grandes marches d'escalier; et quand ils
occupent l'extrémité d'un plateau ou de la cime allongée
d'une montagne, ils en sont séparés par de grands fossés
qui les transforment de cette manière en cônes artificiels.

Comme ce n'est pas ici la place de donner les monographies détaillées de ces remparts, je me bornerai à
quelques données générales, extraites presque toutes de
mes notices.

Parmi les *grands camps* qui me sont connus, je
citerai:

Le camp situé entre *Érd* et *Batta* (comitat de Fejérvár)
avec des remparts d'une hauteur surprenante, principalement à l'endroit où le grand fossé les sépare des vignes
et des Centum-Colles.

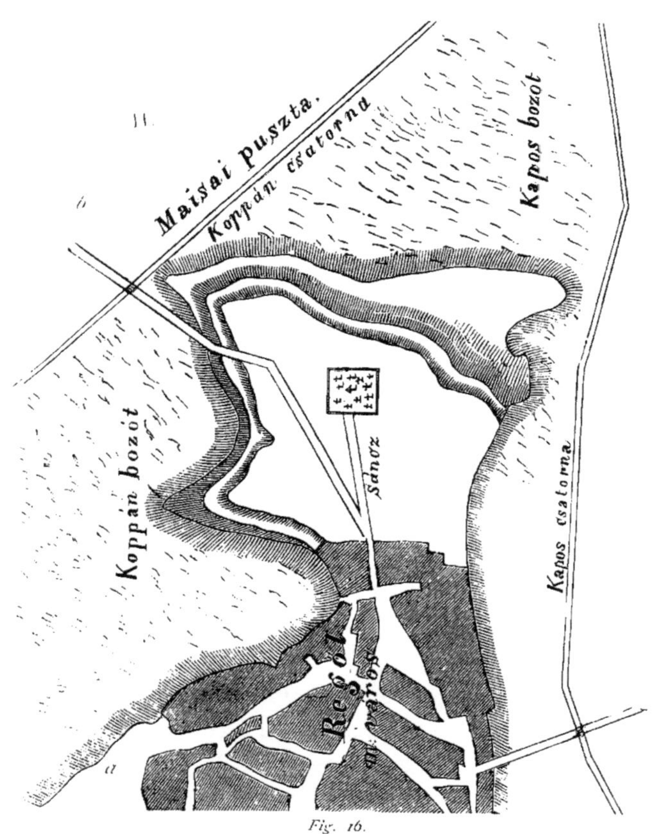

Fig. 16.

a, la ville de Regöly ; b, la puszta Majsa ; sáncz, les remparts ; bozót, broussailles.

Le camp de *Regöly* (comitat de Tolna) autrefois entouré de grands marais, (fig. 15 et 16) ; JK. XIX, 178 p.

Nous joignons ici, sous le n° 1, le plan des environs
du grand camp de *Regöly*. Le prolongement des collines,

situées au sud du Koppan, est presque entouré par les eaux de cette riviére, qui forment de vastes marais, lesquels couvraient jadis un terrain beaucoup plus étendu, et protégeaient le camp mieux encore que les remparts, ainsi que nous le montre le plan fig. 16.

Les côtés qui relient entre eux les angles formant bastions, sont escarpés; et, dans les endroits où le plateau s'abaisse, nous trouvons, non seulement des remparts de douze mètres de hauteur, mais aussi des fossés d'une assez grande profondeur. La longueur des côtés varie entre 400 et 660 mètres; et au pied du camp, où ces cotés n'étaient pas assez forts, on avait élevé des remparts et creusé des fossés qui cessent, dès que le marais suffit à défendre la position.

Le camp de *Leányvár* (comitat de Tolna) avec un grand précipice du côté du Sárvíz; les remparts ne sont plus visibles. JK. XIX, 162 p.

Le camp de *Garam-Szöllös* (comitat de Bars). Il est décrit par M. le vicaire NISZNYÁNSKI dans une lettre adressée au Congrés. N° 125.

Le camp de *Somogyvár* (comitat de Somogy, fig. 17). JK. XXXVIII, p. 193.

Le camp de *Somogyvár* était presque mieux fortifié encore que celui de Regöly. Il était entouré à l'ouest, au nord et en partie à l'est par un grand lac aujourd'hui canalisé et desséché, et par plusieurs lignes de remparts et de fossés, obstacles qui jadis paraissaient insurmontables.

Les lignes pointillées, que l'on voit au milieu du plateau, indiquent la place qu'occupait, au XIème siècle, l'abbaye de St Gilles, fondée pour les bénédictins français de *Valle flaviana* près de Nimes, et dont le peu qui nous reste atteste encore la grandeur de cette fondation du saint roi Ladislas.

Le camp d'*Óvár*, *ancien* camp Burg, comitat de Vas. JK. XXXI, 3 p.

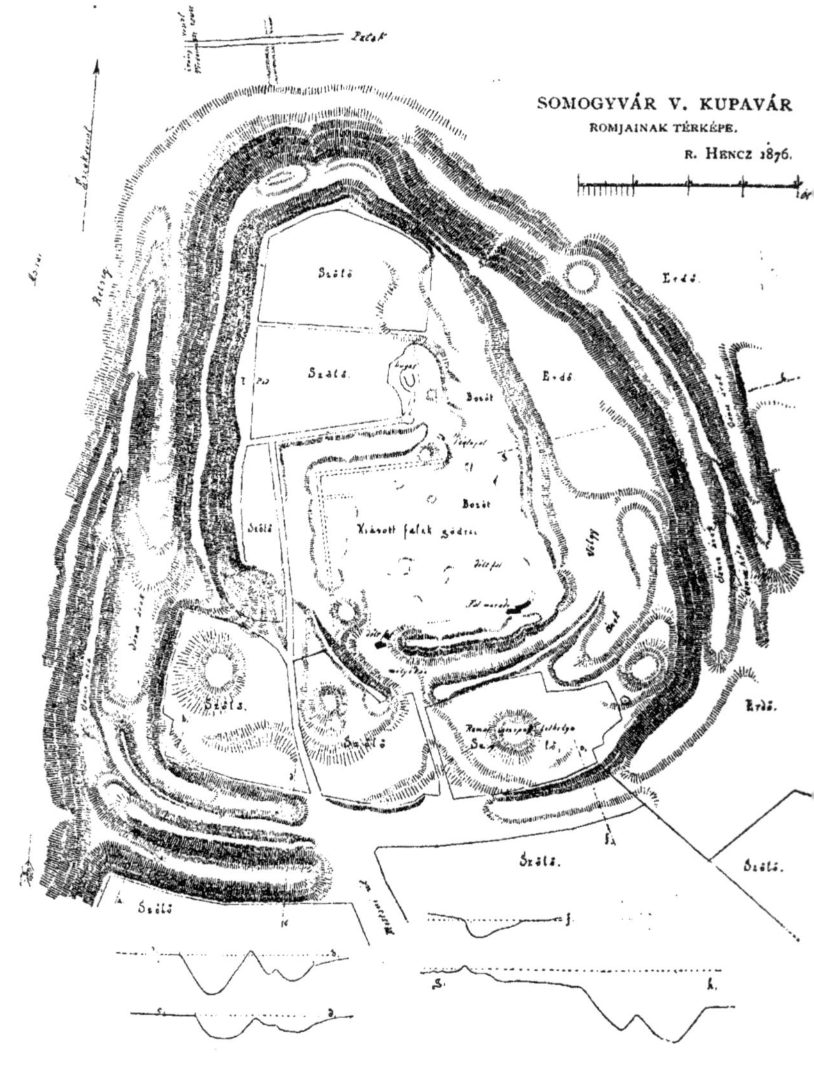

Fig. 17

EXPLICATION DU PLAN :

Kiásott fal gödrei, les creux où étaient les murailles de l'abbaye ; *Bozót* broussailles ; *Szölő*, vignobles ; *Erdő*, forêt ; *Sánczárok*, fossé ; *Sáncz háta*, la cime du rempart ; *Rétség*, prairie ; *Völgy*, vallée.

Le camp de *Nyerges-Ujfalu* (comitat d'Esztergom) où il y a aussi un camp romain; il a même été utilisé dans les guerres du XVIe siècle. JK. XX, 59 p.

Le camp de *Bény* (comitat d'Esztergom) déjà mentionné dans le chapitre des fossés. JK. XXII, 109, 115 p.

Le camp d'*Óvár* près de Tihany (comitat de Zala). JK. III, 30 p. XXXV, 60 p.

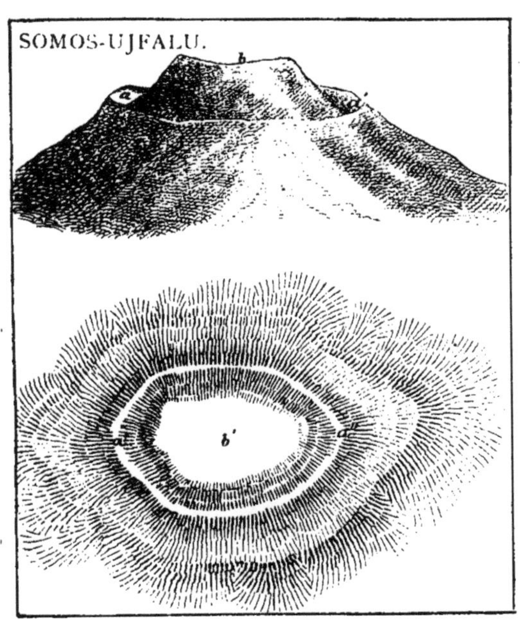

Fig. 18.

Les principaux *cônes naturels* fortifiés sont :

Pogányvár, à Palojta (comitat de Hont), que j'ai vu de loin; JK. IX, 78 p.; un autre *Pogányvár* à *Somos-Ujfalu* fig. 18 (comitat de Nógrád). JK. V, 11 p., il était autrefois entouré de vignes; aujourd'hui il est traversé par le chemin de fer; on trouve aussi un rempart devant le

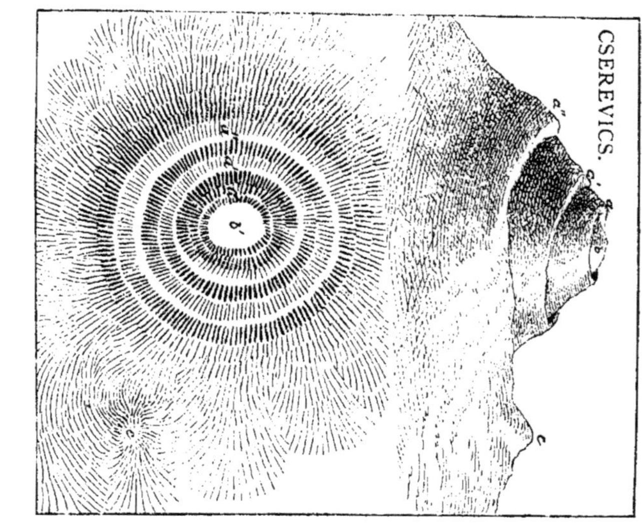
CSEREVICS.
Fig. 19

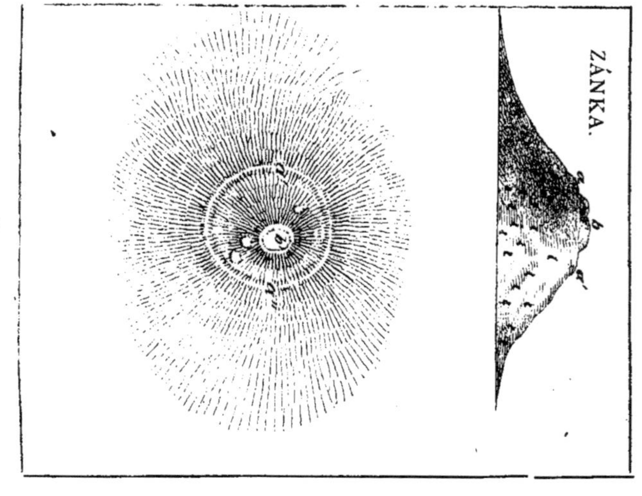
ZÁNKA.
Fig. 20

grand fossé de *Pécska* (comitat d'Arad), JK. XXV, 151 p., et le *Petkevár*, près de *Nyúl* (comitat de Győr), JK. VIII, 73 p.; en outre, le cône formé par des fossés à Cserevitz, (fig. 19). JK. XXI, 13 p.; le *Csúcshegy* dans l'ile de Tihany (comitat de Zala); JK. XXXV, 60 p., et près de *Zánka*, (fig. 20.) JK. I, 27 p.

Le camp de *Vaskút* (comitat de *Bács*) en forme de tumulus (v. au chap. des tumuli).

*

Les camps païens sont fréquemment situés sur les crêtes des montagnes, quelquefois au centre du sommet, et défendus par deux ou trois fossés de chaque coté, comme celui d'*Alesa* (fig. 24 25.) (comitat de Somogy). JK. XXXVIII, 177 p. Mais ordinairement ils occupent les extrémités des promontoires, desquels ils sont toujours séparés par des fossés très profonds. Je connais les suivants:

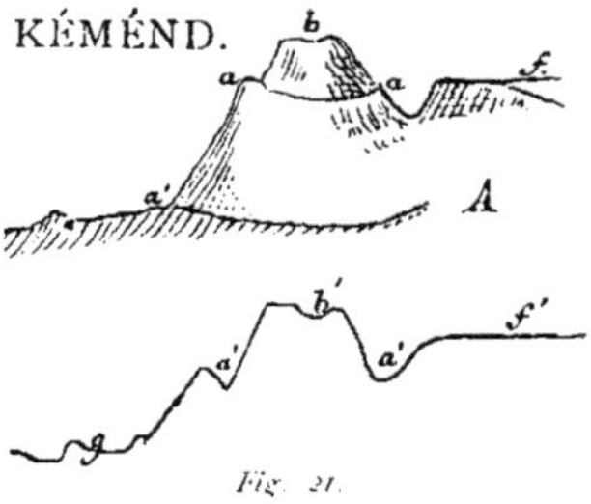

Le camp de *Kéménd*, fig. 21 (comitat d'Esztergom), qui a été visité à l'occasion de l'excursion à Magyarad-Bény. JK. XII, 42 p.

Fig. 21.

Celui de *Sárisáp* fig. 22 dans le même comitat. JK. XX, 62 pag.

Le *Pogányvár*, Kis-Tavaszi près de Regöly, jadis défendu par un grand étang. JK. XIX, 172 p.

Le *Pogányvár*, près de *Báránd* (comitat de Fejérvár). JK. XX, 15 p. Arch. közl. II, 296 p.

A Puszta Baracs (comitat de Fejérvár) près de Duna-Földvár; le *Pogányvár* de *Vál*, JK. XII, 148 p.; de *Gőböl-járás* fig. 23 (comitat de Fejérvár). JK. XXIV, 180 p.

Les camps nommés *Asztal* et *Kozider*, près de Duna-Pentele, JK. XIII, 141 p.; *Bolondvár*, camp du fou, près

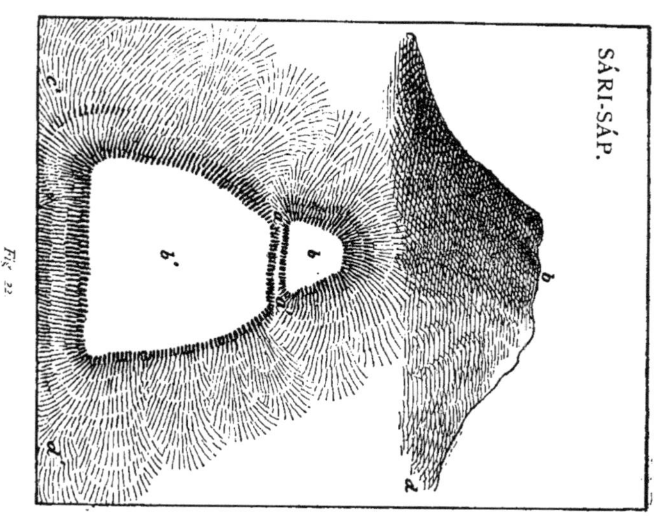

SÁRI-SÁP.
Fig. 22

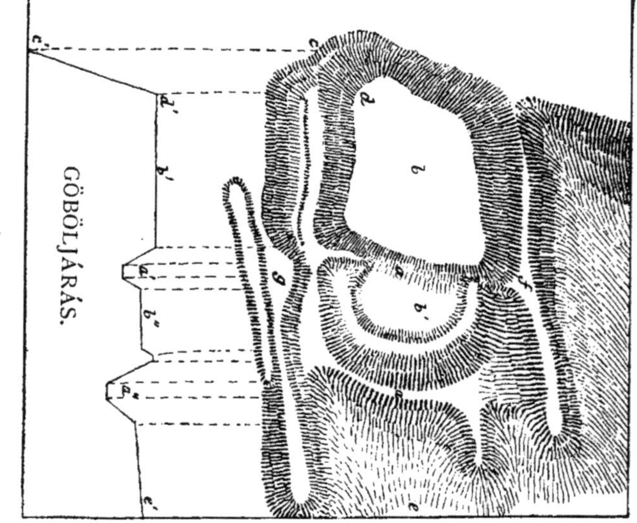

GÖBÖLJÁRÁS.
Fig. 23

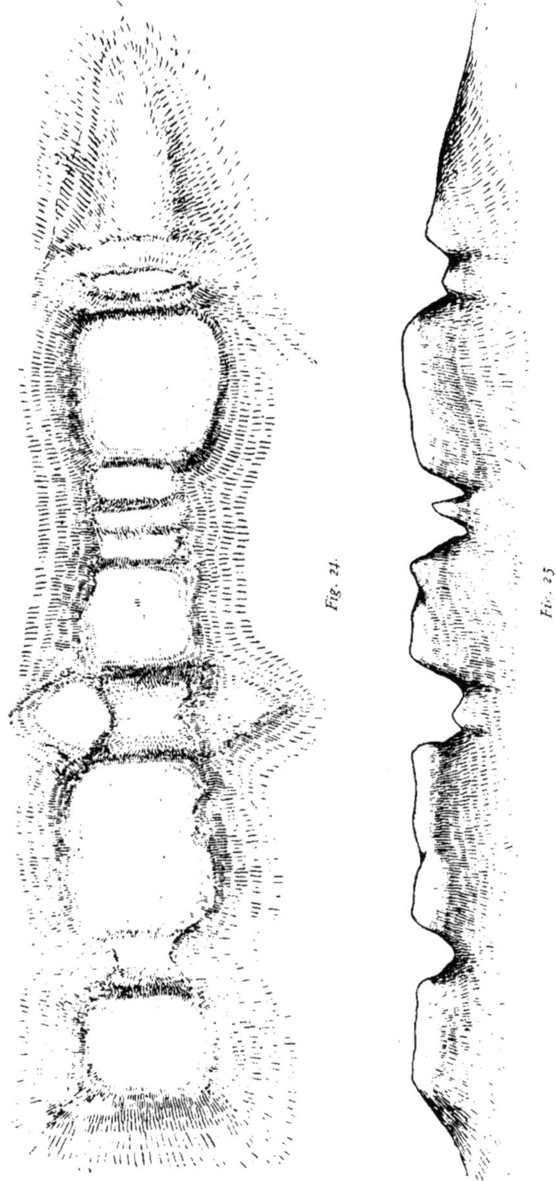
La camp fortifié d'Acsa.
Fig. 24.
Fig. 25.

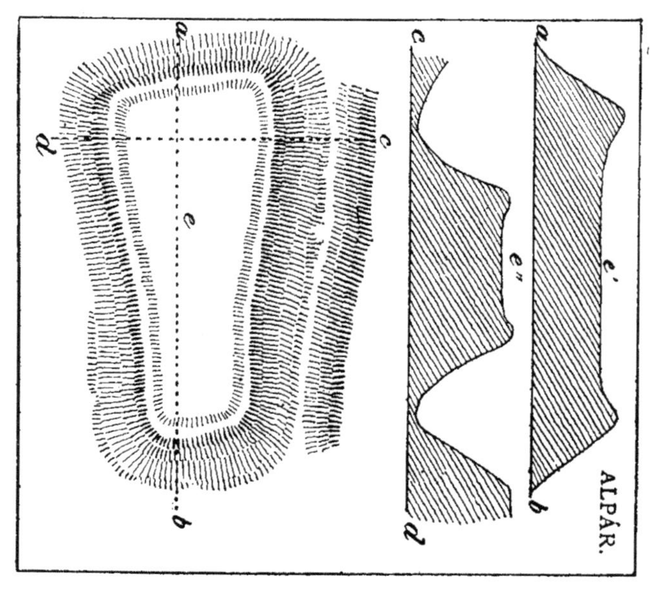
Fig.
ALPÁR.

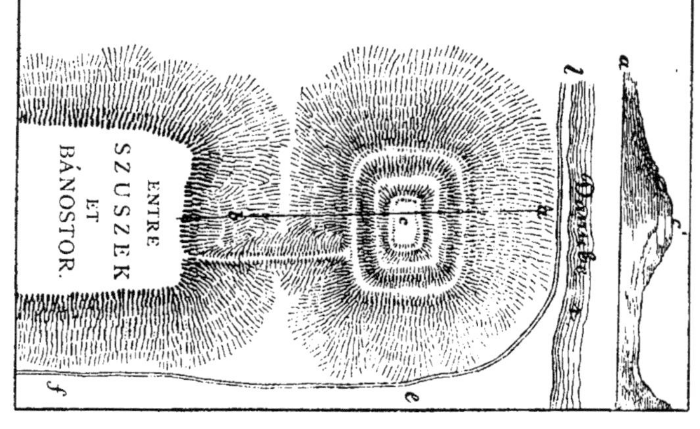
ENTRE
SZUSZEK
ET
BÁNOSTOR.
Danube.

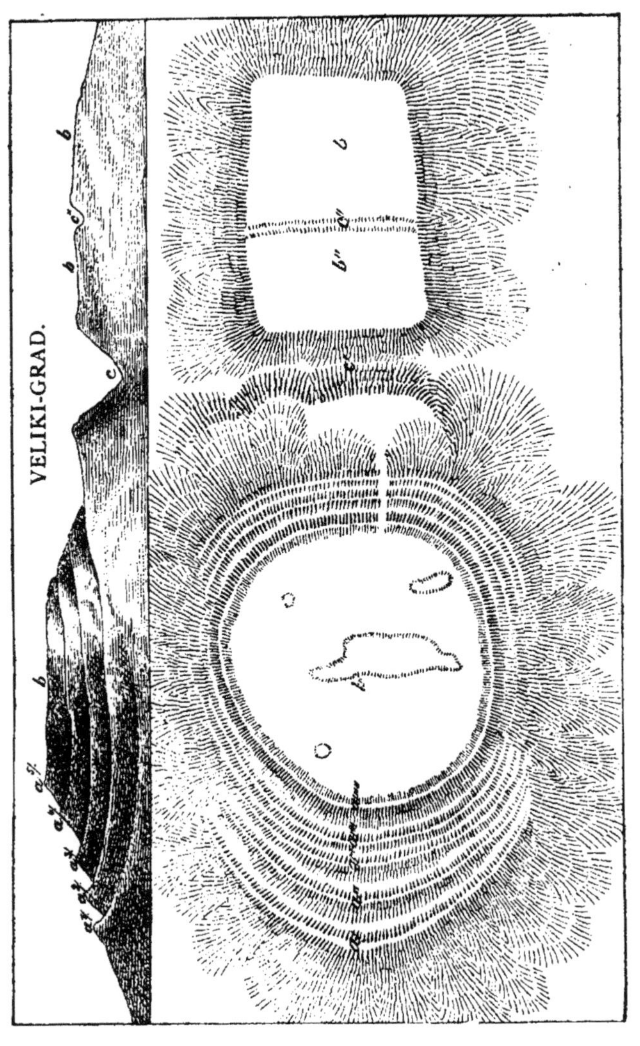

Fig. 28

d'*Adony*, JK. XX, 13 p.; un autre camp porte le même nom, près d'Ercsi, dans le même comitat.

Le *Cservár*; JK. XXXIX, p. 58; et *Csiklin* (comitat de Veszprém). JK. IV, 110 p.

Le *Pogányvár* à *Ó-Básth* (comitat de Gömör). JK. XXV, 51 p.

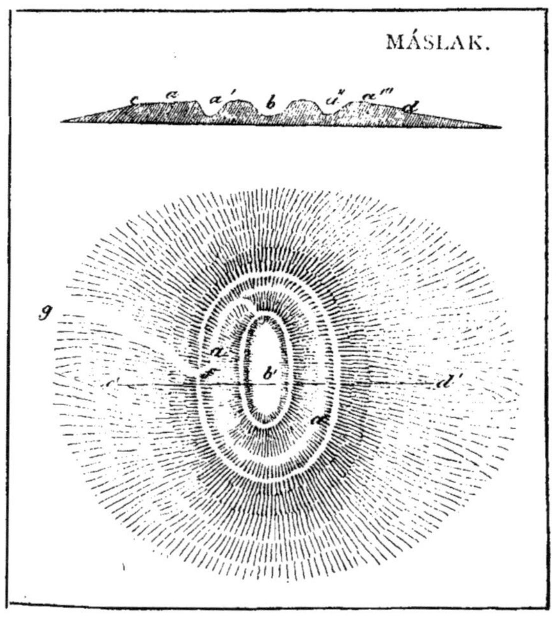

Fig. 29

Deux camps à *Nagy-Szalók* (comitat de Szepes) au pied des Carpathes; JK. XXXVIII, 129 p.

Les remparts d'*Alpár* (fig. 26); JK. XXV, 124 p.; de *Gomba* (comitat de Pest). Arch. Közl. II, 104 p.

Près du Danube, le camp près de:

Cserevitz, entre Szuszek et Banostor (fig. 27). JK. XXI, 34 p; à Sárengrad. JK. XXI, 10 p.

Quelques-uns sont situés presque dans la plaine, comme dans l'ancien Banat, à Duplay, Mali grad et Veliki grad (fig. 28); JK. XXII, 53 p. — et un autre près de *Blumenthal*, Máslak, (fig. 29). JK. XXII, 63 p.

*

Voici encore quelques camps dont nous n'avons que les descriptions:

Le camp de *Felső-Dobsza* (comitat d'Abaujvár) voir la lettre n° 495.

M. François SZILÁGYI, un de nos plus actifs collectionneurs a communiqué une esquisse de ce camp bien intéressant, d'où le musée national et celui de Kassa ont reçu une quantité de pièces de l'époque de la pierre et de celle du bronze.

La forme du camp était d'abord probablement ovale, mais aujourd'hui elle est semicirculaire, d'un diamètre de 120 m.; par suite d'un éboulement, la partie nord-ouest est perpendiculaire; vers le sud-ouest il y a deux sources, et l'on en trouve trois autres au nord-est. Les limites des trouvailles, s'étendent dans la première direction, à 600 mètres, dans la seconde, à 1000 mètres, et vers le levant, à 400 mètres.

Cet endroit est connu depuis longtemps; on y a trouvé des instruments en pierre, achevés et non achevés, en os, en bois de cerf, une grande quantité de tessons et de pierres à moudre.

Au bord du camp, vers le levant, on a découvert, il y a vingt ans, un grand pot plein de haches, de haches d'armes, de pointes de lance, de fibules, et près de cinq kilogrammes de bronze brut.

L'énorme quantité de blé et d'orge carbonisés que l'on y a recueillie, est extraordinaire. D'après l'opinion de M. Szilágyi, le grenier souterrain qui renfermait ces grains a été exposé au feu jusqu'à quatre fois. En examinant la coupe du silo, il est facile de distinguer quatre couches de blé, d'une assez grande épaisseur, séparées l'une de l'autre par une couche de terre jaune de 0,10ᵉ d'épaisseur. La longueur de ce grenier est de 25 mètres; la largeur n'a pu être constatée à cause de l'éboulement du sol.

Les trouvailles faites à Felső-Dobsza sont mentionnées dans le Catalogue de l'exposition préhistorique, par M. J. Hampel, p. 29.

A *Garam-Szöllős* (comté de Bars) près de la ville de *Léva*, il y a aussi un camp, dont je dois la description à M. Jean Nizsnyánszky, vicaire à Bars-Szent-Benedek. (Lettre n° 125.)

Sur le territoire de la ville de *Garam-Szöllős* qui est en partie la propriété de Monseigneur l'évéque de *Beszterce-Bánya*, il y a un camp d'une étendue d'environ cent arpents, et dont le sommet est entouré de remparts. Au sud-ouest se trouve une élévation ceinte de trois lignes de remparts, dont la troisième, la ligne intérieure n'enserre qu'un espace de terrain très-restreint, au milieu duquel on voit plusieurs cavités provenant probablement des fouilles qu'y ont opérées les chercheurs de trésors.

Les abords de ces camps sont très escarpés; d'un coté, des rochers forment une muraille d'à peu près 200 m. de longueur.

La montagne s'étant affaissée d'un coté, on a trouvé sur la surface éboulée, une quantité d'urnes, de cendres et d'os d'animaux.

Je crois, d'après cela, que des fouilles et des mesures exactes seront nécessaires pour bien connaître cette intéressante fortification barbare.

Le camp de *Szihalom* (comitat de Borsod) après la relation que nous en a faite M. Jean Foltinyi, et surtout après l'envoi des specimens de ses trouvailles, a excité l'attention de nos archéologues. Ce camp est situé sur une élévation à l'extrémité méridionale du village, au bord de l'Eger; il est de forme elliptique; sa périphérie est à peu près de 140 m.; son diamètre est de 24 m. et sa hauteur de 4 m.

Comme le pied de ce tertre est simplement entouré d'un fossé de 660 m. de circuit, on l'apelle *Földvár*, camp de terre.

En travaillant à la terre, des habitants du village ont trouvé un tombeau renfermant un squelette orné de colliers et de bracelets en argent; ensuite ils ont déclaré que, plusieurs fois déjà, ils avaient découvert des sépulcres, mais sans y prêter aucune attention.

M. Foltinyi ayant continué ses fouilles a encore trouvé un squelette enseveli dans le sol, sans aucune apparence de cercueil, mais aussi sans aucun de ces souvenirs ou de ces instruments en usage.

Les sépultures étaient si serrées, dit-il, qu'à une profondeur de 0,65ᶜ à 1 mètre j'ai trouvé partout des squelettes, quelquefois seuls, c'est à dire, sans aucun des objets que l'on avait l'habitude de placer à côté du mort; d'autres fois, avec des vases, des *cassettes* ou des *tablettes en pierre*. Ces sépultures s'avancent jusque sous les maisons, où les fouilles n'ont pas été permises; mais dans le tertre même, il a découvert un *terramare*, renfermant de 15 à 20 couches de cendres, une immense quantité d'instruments en os, en pierre etc.

D'après le rapport communiqué par M. Foltinyi, il a trouvé: 26 marteaux en os; 45 ciseaux également en os; 38 alènes; 128 épingles etc. etc. — qui sont exposés au musée national de Budapest, avec une grande quantité d'autres objets découverts pendant la continuation des fouilles opérées aux frais du musée.

M. le vicaire a exposé à la fois 640 pièces, parmi lesquelles se trouvent des vases, des cuillères, des plats en argile, au nombre de 74. (Voir: Századunk 1870, p. 454).

Pogányvár à *Rád*. JK. XXXIX, p. 49.

Le camp de *Rád* (comitat de Nógrad) aux environs de *Vácz*, est situé sur la haute montagne, dite Magashegy; il s'élève à 6 mètres de hauteur sur la cime dans la direction du sud au nord; sa longueur est de 80 m. et sa largeur de 10 m. La cime elle-même a environ 40 m. de largeur, et 32 m. de longueur jusqu'à un fossé; puis elle continue jusqu'à 300 m. vers le nord, avec des précipices et des terrasses qui se trouvent tantôt à l'ouest, tantôt à l'est, et la rendaient propre à la défense, principalement si les haies y étaient employées pour multiplier les obstacles.

Si l'on regarde ce camp du côté du sud, on distingue parfaitement l'éminence sur la quelle il se trouve, et qui est parsemée de débris de différentes poteries anciennes très primitives.

Il y a encore plusieurs fortifications barbares que j'ai vues, mais qui n'ont pas été dessinées. Il y en aussi d'autres que je n'ai pas vues, et dont les descriptions m'ont été communiquées par mes amis ou ont été publiées dans différents ouvrages archéologiques. Telles sont celles que l'on trouve dans les comitats de:

COMTÉ D'ABAUJ.

Büd, un tertre entouré d'un fossé. A.É., I, 146.
Felső-Dobsza. Voir la lettre de M. Fr. Szilágyi, n° 495.

COMTÉ D'ARAD.

Magyar-Pécska. Voir la carte. (l. 674.)
Entre *Kurtics* et *Sz.-Anna*. Jk., XXV, 151; XXX, 70.

COMTÉ D'ÁRVA.

Felső-Kubin, l. de M. N. Kubinyi, n° 334, et la carte du comitat.
Nizsnya. Ibid., et l. 731

COMTÉ DE BARANYA.

Kővágó-Szőllős, l. de M. Höke n° 415.

COMTÉ DE BARS.

Garam-Szőllős, lettre de M. Nizs-
nyánszki, n° 125.
Près de *Verebély*. Voir la carte.

COMTÉ DE BÉKÉS.

Csaba. Voir la carte et la lettre
de M. Haán, n° 239.
Csudaballa, communiqué par M.
le prof. J. Szabó.

COMTÉ DE BELSÖ-SZOLNOK-DOBOKA.

Kudu, fossé long. A.K., II, 258.

COMTÉ DE BEREG.

Ardánháza. Voir la carte du
comitat.
Ilosva. *Ibid.*
Szelesztő. *Ibid.*

COMTÉ DE BIHAR.

Bihar. Voir la lettre de M. Gabr.
Margittay, n° 529.
Fekete-Tó (Prilogvár). *Ibid.*, et l.
172, 453, 529, 529 a.
Dans le pas du *Körös*, *Tündér-
vár*. *Ibid.*
Nagy-Rév, *Ibid.*, 529.
Pestere, Csetatye. *Ibid.* (l. 453,
529 a.)
Puszta-Ujlak, Pogány-ou Vasvár.
Ibid. (l. 172, 453, 529 a.)
Sarkad. Voir la liste de M. L.
Gyalókay, n° 806 b.
Sólyomkő, l. de M. Margittay,
n° 172, 529.
Telegd. *Ibid.*, 529.
Entre *Töttelek* et *Csatár*, près de
la grande route. *Ibid.*, 529.
Vársonkolyos.

COMTÉ DE BORSOD.

Balajth, tumulus nommé Várcza.
(l. 703.)
Igricz. (l. 525 a.)
Sajó-Ecseg. (l. 703.)
Sály. *Ibid.*
Szíhalom, l. 525 a, et A.É., IV, 75.

COMTÉ DE CSONGRÁD.

Entre *Csány* et *Fel-Gyö*. Voir la
carte de M. Kovách.
Szegvár. *Ibid.*
Szentes, à *Várhát*, près de la ville
de Csongrád, dans la puszta.
Donát. Voir la lettre de M. Szivós,
n° 157.
Tisza-Szőllős. Voir la carte du
comitat dans l'Atlas de M.
Görög.

COMTÉ DE ALSÓ FEJÉR.

Istvánháza. Voir Orbán : Székelyföld, V, 57.

COMTÉ DE FEJÉR.

Adony (Bolondvár). Jk., XX, 13.
Baracs. A.É., VI, 313.
Báránd, Bolondvár. (l. 127.) Jk.,
XX, 15.
Bolondvár et *Ebvár*. A.K., II,
296. (l. 115.) A.É., VI, 313.
Duna-Pentele, camp nommé *Asz-
tal*. Jk., XIII, 144.
Duna-Pentele, Kozider-padlás.
Ibid.
Ercsi, Bolondvár. Jk., XXXII, 92.
Vál. Jk., XII, 148.

COMTÉ DE GÖMÖR.

Söreg. A.É., 1872, 165.

COMTÉ DE HEVES.

Tisza-Igar. Voir les lettres de M. Tariczky, n⁰ 119, et 824, 920.

Heves. Jk., XIV, 38.

COMTÉ DE HONT.

Báth. A.É., VI, 313.

Baráti. Voir la lettre de M. Höke, n⁰ 115 ; de M. Gyürky, n⁰ 181 ; et de M. Fr. de Kubinyi, n⁰ 757.

Visk (Mahér), l. de M. Höke, n⁰ 140.

COMTÉ DE HUNYAD.

Entre *Arany* et *Rapold*, lettre de M. Gabr. *Téglás*, n⁰ 349 ; et de M⁰ˡˡᵉ Sophie de Torma, n⁰ 826.

COMTÉ DE JÁSZ-KÚN-SZOLNOK.

Szelevény. Carte de M. Kovách.

Tisza-Földvár. *Ibid.*

Tisza-Nagy-Rév. *Ibid*

COMTÉ DE KOLOS.

Sebesvár (?), lettre de M. Margittay, n⁰ 529.

COMTÉ DE KOMÁROM.

Kethely. Jk., VIII, 59.

Kömlöd. A.É., VI, 313.

COMTÉ DE KRASSÓ.

Bunya, lettre de M. Szivós, n⁰ 245.

COMTÉ DE LIPTÓ.

Sur la carte arch. de M. de *Majláth.* Voir du même auteur : Pogánykori védrendszer nyomai Liptó megyében, MS. et *Compte-rendu* 1.

Belanszkó,	Magyarfalu,
Bessenyöfalva,	Plostyin,
Bobrócz,	Rózsahegy,
Csorba,	Felső-Szlécs,
Hosszurét,	Szentivány,
Jalócz,	Szent-Maria,
Komjáthna,	Szmrecsány,
Likavka,	Turik,
Liptó-Óvár,	Vlkolinecz.
Lubochna,	

COMTÉ DE KÜKÜLLŐ.

Mihályfalva, lettre de M. A. Filep, n⁰ 109.

COMTÉ DE MAROSSZÉK-TORDA.

Böö, Orbán B. : Székelyföld, IV, 66

Géges. IV, 32.

Kölpény. IV, 203.

Rigmány. IV, 33.

COMTÉ DE NÓGRÁD.

Ó-Bást. B. Nyáry. Századok, 1870, p. 97 ; Jk., XXV, 51.

Szakáll. Jk., IX, 114.

COMTÉ DE PEST.

Bag. Jk., XIII, 170.

Gomba. A.K.

Jenő.

Sarló-Sár, lettre de M. E. Békey, n⁰ 918.

Tete, lettre de M. Dobozy, n⁰ 122

Tinnye, lettre de M. Géza Vásárhelyi, n⁰ 128.

COMTÉ DE SOMOGY.

Sur le territoire de *Csoknya*. Jk., XXXIX, 195.

Szalacska, lettres de M. Hencz, nº 697 et 787.

Silis-Sz.-Jakab, où sont encore visibles aujourd'hui les ruines de l'église et de l'abbaye des Bénédictins. Jk. XXXVIII. 205.

Près de *Vörs*, lettre de M. J. Pados, nº 182.

Zákány, l. de M. Hencz, nº 104.

COMTÉ DE SOPRON.

Sur la carte du comitat :
Darufalva.
Kapuvár.
Kis-Marton.
Lakfalva (Wondorf).
Lövő.
Széleskut. Voir : Marsili Danubius Pannonico-Mysicus. II, tabl. 18, 2.
Széplak.
Szolga-Győr.

COMTÉ DE SZABOLCS.

Karász. Arch. Ért., III. 220.

Pázony. Voir la carte.

Pócs-Petri. *Ibid.*

Szabolcs. *Ibid.*, et Arch. Ért., III, 236.

COMTÉ DE SZEPES.

Busorcze. Fossés, Windisch, Ung. Magazin, II, 191.

Nagy-Szalók. Jk., XXXVIII, 129 ; et encore un autre. *Ibid.*

COMTÉ DE SZERÉM.

Cserevitz. Jk., XXI. 43.

Sarengrad. Jk., XXI, 16.

Szuszek. *Ibid.*, 34.

COMTÉ DE SZILÁGY.

Kuzsaj. Voir la carte.

Menyő.

Szentpéterfalva.

Szilágy-Somlyó, l. de M. Charles Szatmáry, nº 96.

COMTÉ DE TEMES.

Blumenthal. Jk., XXII, 62 ; Arch. Ért., I, 14. (Máslak)

Duplay. Jk., XXII, 56.

Mali-Grad & Véliki-Grad. XXII, 56.

COMTÉ DE TOLNA.

Bata, lettre de M. Höke, nº 115 ; Arch. Ért., VI, 313.

Bölcske, 2 camps, l. de M. Höke, nº 418.

Duna-Földvár, 3 camps, lettre de M. Höke, nº 115. Jk., XIII, 110.

Duna-Sz.-György. Arch. Ért., VI, 313.

Gyánti puszta. *Ibid.*

Hidvég. *Ibid.*

Leányvár. Jk., XIX, 162 ; A. Ért., VI, 313.

Sár-Sz.-Lőrincz (Török hányás). 115.

Várdomb. *Ibid.*

COMTÉ DE TÚROCZ.

Priekopa, l. de M. le B. François Révay. nº 1073.

COMTÉ DE VAS.

Entre Pöszöny et Szombathely. Voir la carte.

COMTÉ DE VESZPRÉM.

Csösz, lettre de M. Turcsányi, no 14.
Enying, l. de M. Höke, no 115.

Tés (Márkusvára), lettre de M. Turcsányi, no 14.

COMTÉ DE ZALA.

Entre *Esztregnye* & *Rigyácz*. Jk., XXII, 105.
Jakabfa. Jk., XII, 66.
Kál. Arch. Ért., I, 14.
Ördöggyurka. Jk., XII, 127.
Tihany. Jk., XXXV, 60.
Zánka. Jk., I, 27.

V.

LES TUMULI (Halmok).

Il y a une relation incontestable entre les habitations des hommes, les camps qui font supposer une association déjà stable de plusieurs familles, et les sépultures de ces mêmes hommes. Nous pouvons être sûrs que, partout où il y a un rempart barbare, partout où nous trouvons les vestiges d'un séjour prolongé, tels que des rebuts de repas, là aussi, près de cette fortification, de cet endroit, nous trouverons les sépultures de ceux qui l'ont habité, qui y ont séjourné; c'est-à-dire : des tumuli ou des cimetières réguliers.

Par conséquent, à peu de distance de ces lieux quelquefois d'une grande étendue, où les hommes ont brûlé ou enseveli leurs parents, nous devrons aussi découvrir leurs demeures et les traces de leur séjour. Les anciens peuples, romains ou barbares, aimaient généralement à avoir, à côté d'eux, les cendres et les ossements de ceux qui leur avaient été chers.

Les sépultures sont d'une grande importance pour l'histoire d'un pays ou d'un camp.

Les vivants chassés par leurs ennemis emportaient avec eux tous leurs biens, et brûlaient leurs huttes de branches d'arbres; mais les morts ont conservé pendant des siècles les souvenirs, les ustensiles qui accompagnaient leurs cadavres ou leurs cendres, et qui pendant longtemps ont été respectés comme des objets sacrés. Ces restes nous indiquent la pauvreté ou la richesse, et même le sexe de la personne ensevelie; en outre le caractère de l'époque précise de la sépulture; ils nous apprennent les progrès faits dans l'emploi des différents métaux, les rapports de commerce avec les pays éloignés. Lorsqu'une quantité de tertres sont réunis au même endroit, nous savons d'après les objets qu'ils contiennent, s'ils appartiennent tous à la même époque et viennent d'une tribu nombreuse; ou si ce n'était qu'un établissement de quelques familles qui y ont résidé pendant des siècles.

S'il y a un pays riche en monuments de ce genre, c'est certainement la Hongrie, et comme on y a donné une plus grande attention qu'aux remparts et aux fossés, les opinions sur ces tumuli sont aussi très-divergentes.

Parlons d'abord des tertres et ensuite des cimetières avec des tombeaux alignés que les Allemands appellent: *Reihengräber.*

Il est difficile de trouver, même pour un seul pays quelques règles fixes sur les enterrements, quoiqu'il soit certain que chaque peuple ait conservé les rites de sa religion et qu'il les ait constamment observés. C'est pour cela que nous voyons quelquefois de grands tertres par petits groupes isolés de 2, 5 à 9; tandis que d'autres fois ces grands tertres sont réunis en grand nombre, et occupent un vaste terrain. Nous trouvons des exemplaires des premiers : à *Dobsza* et à Szent-István-Baksa, comitat d'Abauj ; à *Glogovácz* (Arad ; (fig. 30.) à *Eresztvény* près de Csurgó (Fejérvár ; à *Gyepes,* à *Hathalom* (Veszprém); et des seconds à *Pátka,* à *Százhalom* près d'Érd (Fejérvár ; à *Százhalom* (entre Szücs et Bakonybél, comitat de Veszprém ; à *Szalacska* (Somogy) ; à *Tátika* (Zala) &c., fig. 31 .

Les idées sur les tumuli varient suivant le degré d'instruction des personnes qui en parlent. Les uns les considèrent simplement comme des bornes qui servaient à marquer la séparation des propriétés ou des territoires; d'autres, sans tenir compte de cette circonstance que c'est le plus souvent dans les forêts qu'on les trouve, en font un poste destiné aux soldats placés en sentinelle pendant les guerres; il y en a qui prétendent que ce sont des éminences élevées par les Turcs, dans le but d'y placer les pavillons de leurs vézirs; sur les terrains inondés, ils étaient le refuge des hommes et de leurs biens; ou enfin, pour d'autres, que ce sont les tombeaux

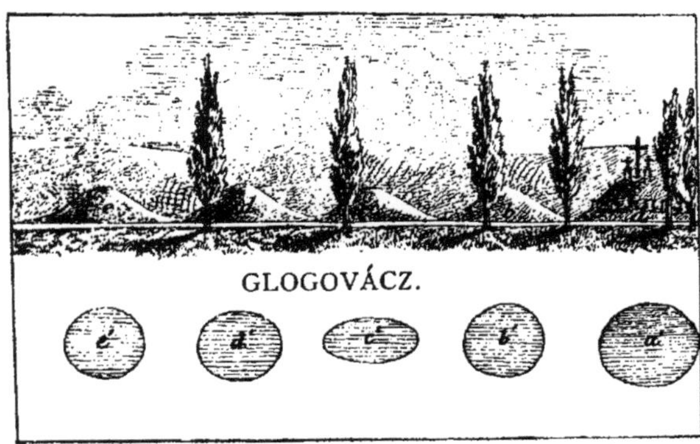

Fig. 30.

d'une foule de soldats tombés dans de grandes batailles.

Mais dans les anciennes chartes on distingue très-bien les cumuli, cumuli magni antiqui 1086. *Monum. Hung. Hist. Dipl.* I, et en 1234, *Ibid.* p. 331 et les metae (1176. *Ibid.* 74, des *tumuli* et des *sepulcra paganorum*, qui non-seulement étaient bien connus, mais dont on savait même souvent les noms.

Dans les quelques chartes que nous possédons du XIe siècle, nous trouvons les noms des morts enterrés dans les tumuli, ce qui nous fait supposer que ces tumuli ont eu pendant longtemps quelques caractères distinctifs,

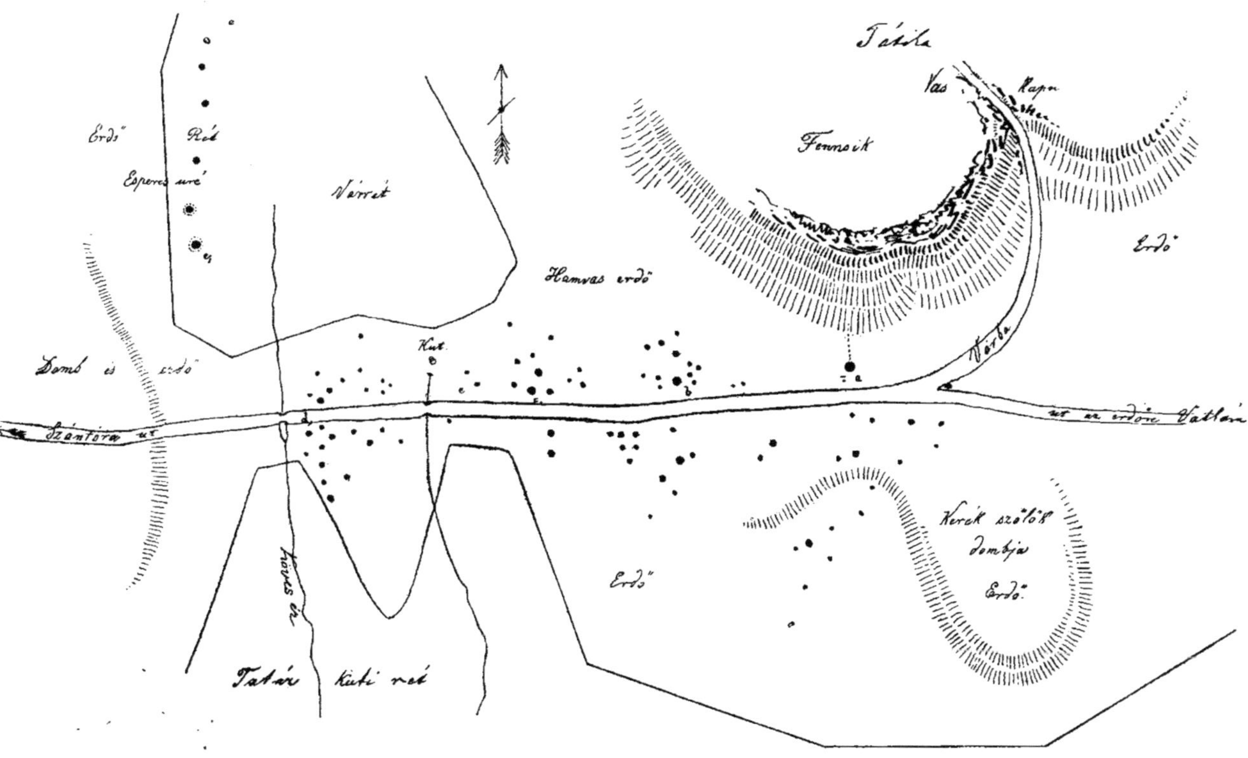

Fig. 31.

Domb, colline; *Erdő*, forêt; *Fennsik*, plateau; *Kut*, puits; *Rét*, prairie

ou que le peuple a longtemps conservé le souvenir de ses aïeux, même après l'adoption du christianisme.

La lettre de fondation de l'abbaye des Bénédictins de *Zasty*, publiée en 1067 nous a conservé les données suivantes : *tumulus Branka, tumulus Boytyn,* puis, *acervus Bassy* et *Basi, acervus Fygudy, acervus Marci, acervus Sumug* et encore *Sepulturae Bissenorum;* mais nous lisons aussi dans la même charte, *marchia, marchia cum Zacharia, marchia chartybak* et *tres metas terreas; (Monum. Hung. Histor. Dipl.* I, 24-26). Cette différence marquée entre les tumuli, les acervi, les marchia et les metae nous fait supposer que les tumuli avaient bien la signification que nous lui attribuons aujourd'hui, et que les *sepulturae* signifiaient probablement des sépultures, des cimetières.

En 1086 les limites de l'abbaye des Bénédictins à *Bakonybél* sont déterminées, et entre autres passages nous lisons les : *Sepulcrum Welen, sepulcrum puelle, sepulcrum Thati, sepulcrum Qukar, sepulcrum Gunter,* noms qui ne peuvent être, selon notre opinion, que ceux de morts qu'ils renfermaient (*Monum. Hung. Hist. Dipl.* I, 31 &c.). Dans cette charte nous trouvons aussi le mot *cumulus* employé dans le sens de bornes; on y fait aussi mention d'une *statua lapidea;* praedium *Dinna* circuitur cum *columnis lapideis* &c.

En 1267 nous lisons : Sepulcrum matris *Ponych* (FEJÉR : *Codex diplom.* IV, III, 425) et en 1268 : Sepulcrum Elzae ad villam Thon (aujourd'hui Tany, comitat de Komárom; *Ibid.* p. 452).

Nous voyons que les noms de ces tumuli ont été conservés pendant longtemps; mais plus tard ils sont employés plus rarement.

En 1171, nous trouvons seulement un *sepulcrum (Monum. Hung. Hist.* I, 66), qui est situé dans le predium de *Plan* (aujourd'hui *Polány,* comitat de Veszprém,) autrefois propriété des Bénédictins à Bakonybél, maintenant aux Cisterciens de Zircz); et p. 77 à *Palan*, on trouve encore le même *sepulcrum*.

En 1214; il y a près de *Kosuth* (comitat de Poson), un sepulcrum paganorum (*Ibid.* I, 135).

En 1244; il est fait mention de *Paganser* (Pogány-sír), *sépulture des païens* (FEJÉR : *Codex diplom.* IV, I, 352., VI, III, 244.

En 1219 : sepulcrum Sacerdotis Orod (FEJÉR : *Codex diplom.* III, 271) qui a été enseveli en Transylvanie près de *Winch* (Vincz).

En 1138, dans l'énumération des biens de l'abbaye de *Saint-Martin*, donnés par les premiers rois, le roi Béla II, parle du village d'Udvary dont les bornes conduisent *ad sepulcra paganorum* inter quae est meta. Et inde extra lacum, cujus mentio est in privilegio Ladislai regis, tendit ad alia *sepulcra paganorum*. (FEJÉR : *Codex diplom.* II, 112.)

Même sur le territoire de la ville de Pest, à l'est, à côté d'une colline il y avait des *sepulcra paganorum*, probablement dans le Terézváros (faubourg Thérèse). (Voir : RÓMER : *Régi Pest.* 1873., p. 49.)

En 1227, le pape Gregoire IX. confirmant les donations faites à l'évéché de Zágráb, fait mention d'une sépulture, *sepulcrum Seledini*, près de la Save. (*Monum. Hung. Hist. Diplom.* I, 236.)

En 1264, dans un procés de la *prévôté de Ság*, au sujet d'une propriété située près d'Oszlár (aujourd'hui Puszta-Oszlár, comitat de Pest), à l'est, c'est-à-dire du côté de Maglód ou d'Etser, on dit : et venitur ad locum qui dicitur *Paganser;* deinde venitur ad unum monticulum, qui dicitur similiter *Poganser*, ubi sunt duae metae (FEJÉR : *Codex dipl.* IV, III, 244).

A l'époque où la plus grande partie de l'Europe avait déjà embrassé le christianisme, on trouvait encore des païens dans presque toutes les contrées de la Hon-

grie. Ils conservaient leurs rites et leurs anciens souvenirs en dépit du zèle des prêtres et des ordonnances des
premiers rois. Plus d'une fois même, ils se sont révoltés,
et ils continuaient de faire leurs sacrifices dans les forêts,
auprès des puits, et d'ensevelir leurs morts selon la
coutume de leurs ancêtres.

L'histoire nous raconte la guerre de Kupa contre
St-Etienne; nous connaissons toutes les atrocités exercées
contre les évêques à l'avènement du roi André premier;
et quoiqu'il ait donné des constitutions, dont l'une d'elles
dans le 10 §. ordonne : Ritus omnes Christiani revocarentur
(PÉTERFFY, S. Concilia. R. Hungariae I, 13) quoiqu'il ait
fondé des abbayes et soutenu la nouvelle religion de l'appui
de toute son autorité royale, cela n'a pas empêché les païens
d'essayer de maintenir leurs anciennes coutumes et leurs
cérémonies, d'abord en public, plus tard en cachette,
malgré les efforts zélés des prêtres et des moines, en sorte
que sous le roi Ladislas, en 1092, le synode tenu à Szabolcs
a dû porter cette décision contenue dans le chapitre XXII:
Quicunque ritu gentilitium iuxta *puteos* sacrificaverint vel
ad *arbores* et *lapides* oblationes obtulerint, reatum suum
bene luant (PÉTERFFY : *Sacra concilia* &c. I. 27). Les lois
du pays étaient bien sévères contre la négligence que
les croyants apportaient dans leurs enterrements. Le
chapitre XXV dit : Si quis *mortuos suos* ad Ecclesiam non
sepelierit, 12 dies pane et aqua poeniteat in cippo. Si
Dominus servi sui corpus aut villicus pauperis villani et
hospitis ad Ecclesiam non detulerit, tantumdem poeniteat
(*Ibid.*); parce que les païens : deligebant loca sepulturae
in saltibus et nemoribus, ibi post epulas sumentes et
cantantes.

Mais malgré toutes ces lois qui attestent que les
sépultures païennes étaient encore en usage, on a continué de se livrer au paganisme, car en 1103 sous le roi
Coloman les «Constitutiones» disent au chapitre XXXI:

Sepultura christianorum nonnisi in atriis Ecclesiarum fiat, Ibid.)

Nous voyons donc que cette lutte a duré assez long-temps, mais nous apprenons en même temps que toutes les sépultures que nous avons citées étaient vraiment des sépultures de païens, dont l'histoire était bien connue, et dont les noms avaient été répétés de génération en génération. Ces noms, avaient pourtant fini par tomber dans l'oubli, grâce surtout au zèle des prêtres qui élevaient des croix, bâtissaient des chapelles, principalement en l'honneur de la Sainte-Vierge, à côté des arbres sacrés, des puits, des pierres, sur les tumuli, et de préférence partout où il y avait des remparts barbares, renfermant les demeures et les sépultures des païens.

Il est, je crois, bien reconnu que dans tous les pays où le christianisme s'est introduit, il en a extirpé le paganisme, chez quelques peuples un peu plus tôt, chez d'autres un peu plus tard, mais qu'il lui a fallu quelques siècles pour opérer la conversion complète de ces peuples.

*

Plusieurs années d'expérience m'ont donné l'occasion d'observer partout que non-seulement les couvercles des sarcophages romains étaient brisés et percés d'un trou, pratiqué probablement dans le but de les dépouiller, mais que les tumuli aussi montraient, tantôt sur leurs flancs, tantôt sur leurs cimes des enfoncements qui devaient être la conséquence de fouilles opérées sans doute par les chercheurs de trésors. J'ai souvent pensé que l'on avait usé de ces violations pour faire perdre le souvenir des ancêtres; cependant les lois contiennent les punitions les plus rigoureuses contre les violateurs des sépultures, et surtout contre le clergé qui se rendrait coupable de cette profanation des tombeaux.

Enfin j'ai trouvé le décret qui autorisait l'enlèvement des dépouilles des sépultures, et comme dans ces temps reculés, on connaissait encore très-bien les cimetières romains près des voies sacrées, dont les sarcophages étaient souvent employés comme dépositaires de trésors inviolables; comme, à l'époque du décret, les tumuli, avec tous les objets précieux qu'ils renfermaient étaient encore intacts, l'or et l'argent qu'on y a trouvés a dû monter à des sommes immenses. C'est pour cette raison que malgré les grands frais que nous faisons à présent pour fouiller les tumuli, nous ne trouvons guère que des ossements réunis en monceaux, des tessons et quelques débris d'objets de valeur, mais très-rarement de grande importance.

Comme les «Constitutiones Imperiales» qui concernent cette affaire ne sont peut-être pas bien connues, voir le chapitre XCVIII. *De thesauris in sepulchro repertis.*

Theodorus Rex Dudae Saioni. Prudentiae mos est, in humanos usus terris abolita talenta revocare, commerciumque viventium non dicere mortuorum : quia et nobis infossa pereunt, et illis in nulla profutura locantur. Metallorum quippe ambitus solatia sunt hominum. Nam divitis auri vena similis est reliquae terrae si iaceat : usu crescit ad pretium, quando et apud vivos sepulta sunt quae tenacium manibus includuntur. Adeoque moderata iussione decernimus ut . . . . . Si aurum ut dicitur vel argentum fuerit tua indagatione detectum, compendio publico fideliter vindicabis : ita tamen ut abstineatis a cineribus mortuorum. Quia nolumus lucra quaeri quae per funesta possunt scelera reperiri. Aedificia tegant cineres, columna vel marmora ornent sepulchra, talenta non teneant, qui vivendi commercia reliquerunt. *Aurum enim sepulchris iuste detrahitur, ubi dominus non habetur: imo culpae genus est, inutiliter abditis relinquere mortuorum, unde se vita potest sustentare viventium.* Non est enim cupiditas eripere, quae nullus se dominus ingemiscat amisisse, &c.

Pour établir quelque système dans la question des tumuli, il faudrait avoir une plus grande quantité de données qui pussent nous fournir les matériaux nécessaires à la classification. Sans vouloir nous attacher à des différences minutieuses, nous devons néanmoins connaître exactement l'intérieur, le contenu des tertres, c'est-à-dire tout ce qui peut servir à remplacer les tombeaux ou les cerceuils.

Jusqu'à présent nous ne connaissons guère d'autre manière de déterminer l'époque à laquelle les tumuli doivent être attribués que celle qui consiste à examiner la méthode d'après laquelle les corps et les urnes ont été ensevelis.

Les tumuli chez les autres peuples contiennent de vastes salles, dirigées vers l'ouest ou vers le nord; les parois sont composées de dalles sur lesquelles on a placé d'énormes pierres qui forment la voûte; l'entrée en était fermée par une grande pierre plate de forme carrée.

Nous ne connaissons encore que quelques tertres de ce genre dans notre pays, probablement parce que nous n'avons pas de descriptions assez exactes des fouilles qui y ont été faites.

Je citerai entre autres :

I.

a) LES TERTRES A TOMBEAUX EN PIERRES

entre Bardócz et Bibarczfalva, ainsi que ceux de *Tökespuszta* (comitat d'Udvarhely, en Transylvanie).

Répondant à l'appel du comité d'organisation M. GABRIEL DANIEL m'a envoyé la description des fouilles dirigées en 1848 par M. G. WESTEN qui, outre les dix tertres connus en a encore découvert dix-sept autres dans les alentours, mais ne les a pas fouillés.

La hauteur de ces tertres varie entre 1' et 7', et les diamètres ont de 5° à 12°. Dans chacun d'eux, il y a un, deux et même trois encaissements en pierre, de grandes tables de trachyte, orientées de l'est à l'ouest, ordinairement d'une longueur de 4', sur 2' 2" de largeur et 3' d'épaisseur. Dans l'intérieur on ne trouve que des cendres, des morceaux de charbon, quelques pièces de silex taillé, du quartz, des restes de poteries grossières, et ça et là quelques ossements humains, jamais d'os d'animaux.

Ces tertres appartiennent probablement aux temps les plus reculés.

En second lieu nous parlerons des tertres de *Her-mány* (Kastenholz), situés aussi en Transylvanie à un mille de distance de *Nagy-Szeben* (Hermannstadt), où la société géographique de Transylvanie a arrangé, aux frais du ministère de l'instruction publique des fouilles, dont nous communiquons ici les résultats en quelques mots.

Les tertres sont connus sous le nom de *Hundert Büchel,* c'est-à-dire, cent collines, en roumain : *La mor-minti.* Vers la moitié de la route qui va de Hermány à Gierelsau, les tertres sont disposés sur 4-5 rangs irréguliers, du nord-est vers le sud-ouest dans une longueur d'à peu près 820 m. La hauteur de la plupart des 200 tertres varie de 0·50 m. à 2 m.; le diamètre de 8 m. à 10 m. Outre ces tertres alignés, il y en a encore deux à un quart d'heure de distance, puis trois autres à une demi-heure; l'un de ces derniers a 5·70 m. de hauteur et 70 pas de circonférence.

Le 1er Juin 1876 on a commencé les fouilles à l'est de ces monticules. Le premier qui a 1·16 m. de hauteur et 10·24 m. de diamètre contenait immédiatement sous la cime une quantité de pierres de grès qui ne se trouvent pas dans cet endroit, puis sur le sol naturel un encais-

sement presque carré fait de dalles de grès-blanc de
0·18 m. d'épaisseur; les pierres latérales mesurent 1·08 m.
à 1·25 de hauteur.

Cet encaissement renfermait des cendres, quelques
ossements d'hommes, une dent d'enfant et des tessons,
entre autres un d'un travail très-fin.

Le tertre voisin de 1·25 m. de hauteur et de 10·50 m.
de diamètre, contenait aussi une pierre ronde au-dessous
de laquelle se trouvait un encaissement du même genre,
mais fait de dalles irrégulières de pierre rouge de 1·06 m.
à 1·20 de longueur. Les cendres qu'il renfermait, d'une
épaisseur de 0·80 m. étaient mêlées à des charbons, à des
ossements et à des tessons que l'on trouvait aussi dispersés dans le tumulus.

Dans un autre tertre, à sa base, sur le sol, on a
trouvé un ustrinum qui occupait la superficie entière du
tumulus; les cendres qu'il contenait avaient, au milieu,
0·04 d'épaisseur. En poteries, on y a recueilli une urne
grise, des morceaux de plusieurs autres urnes de plus
petites dimensions et un plat à trois pieds.

Le tumulus voisin de celui-ci, de 7 m. de diamètre
et de 0·68 m. de hauteur contenait dans son ustrinum un
couvercle à tête plate, un plat à trois pieds, et un morceaux de quartz préparé pour faire du feu. Le suivant,
de forme sphérique, d'un mètre de hauteur, de 10 m. de
diamètre n'a fourni que des tessons et des restes de
charbons.

Le 2ᵉ Juin, les fouilles de 6 autres tumuli n'ont
donné que des restes d'ustrinums, des tessons, quelques
fragments de quartz.

Le 7ᵉ Juin, on a commencé à explorer les trois tertres
isolés des autres; mais comme ils avaient déjà été ex-
ploités, on n'a fait que constater qu'il n'y avait aucune
différence entre eux et les premiers, quant au contenu.

On a encore ouvert deux tumuli; dans les ustrinums

il y avait des débris de vases et de plats, ornés de lignes parallèles, des fragments de poteries d'argile bleue (comme à Pátka, comitat de Fejérvár) avec des ornements composés d'écailles, et des flacons de verre. En outre on y a trouvé une cruche rouge et une monnaie de bronze portant sur la face : FAVSTINA, et sur le revers : AETERNITAS. Ces légendes indiquent clairement qu'elles appartiennent à l'époque romaine; quant à la cruche rouge au col étroit, aux poteries d'argile bleue et aux objets de verre, ils doivent être rangés avec ceux de *Pátka.*

On continue ces fouilles actuellement, et nous en attendons les résultats.

Nous rangeons ici quelques tumuli qui renfermaient de petits encaissements en pierres, et que nous appelons :

B) LES TUMULI DE SZALACSKA.

Szalacska, puszta, praedium de M. ALEXANDRE DE VIGYÁZÓ est situé dans le comitat de Somogy, vis-à-vis de Berki, sur la rive droite du *Kapos.*

La situation, comme nous le voyons sur la planche (fig. 32) dessiné par M. l'ingénieur Antoine de Hencz, nous montre une colline semicirculaire avec des tumuli placés sur la crête, et des groupes de tumuli dans la plaine vers le midi.

Comme j'étais occupé par les préparatifs du congrès, j'ai prié M. de Hencz et M. Ernest Kammerer, un de mes anciens élèves, de faire des fouilles dont M. Vigyázó a eu la générosité de prendre les frais à sa charge.

En voici les résultats : ces messieurs ont remarqué que les grands tertres recouvrent des sépulcres avec une voûte faite de moellons; les petits tertres sont élevés sur les cendres et n'ont point de voûte. Les cadavres n'avaient pas été brûlés sur la place même des tumuli,

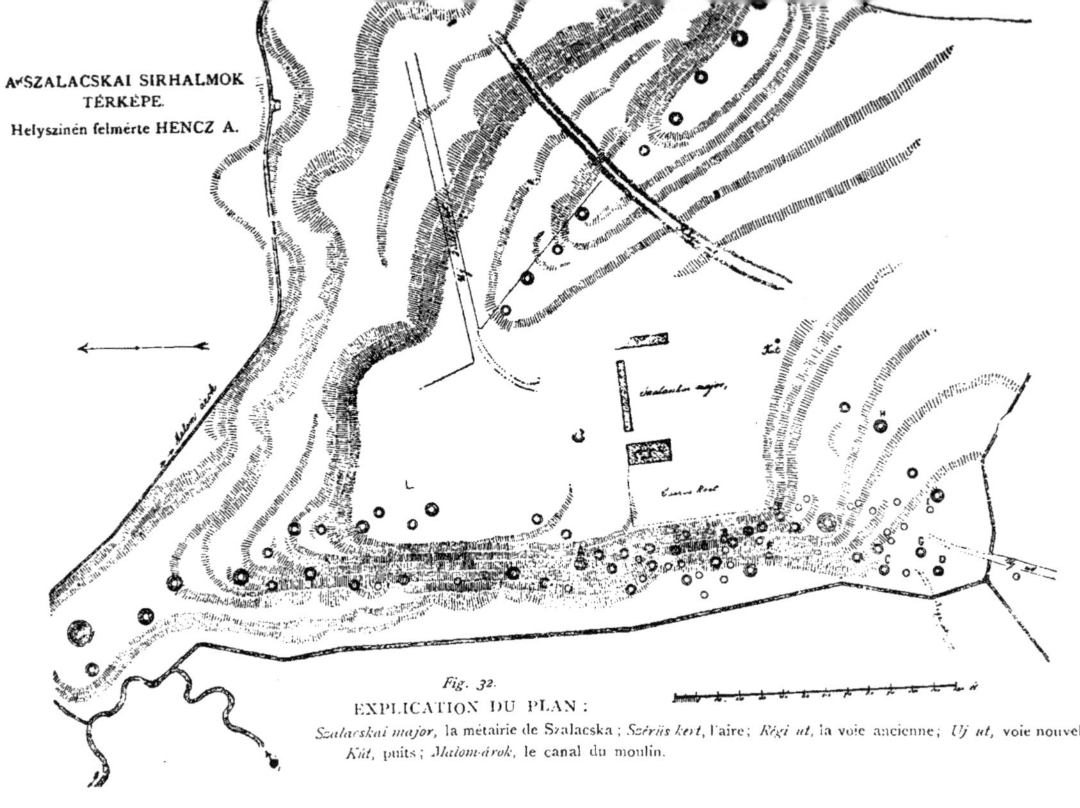

Fig. 32.

EXPLICATION DU PLAN :

Szalacskai major, la métairie de Szalacska ; *Szérüs kert*, l'aire ; *Régi ut*, la voie ancienne ; *Uj ut*, voie nouvelle ; *Kut*, puits ; *Malom-árok*, le canal du moulin.

car il ne restait aucune trace de charbons, ni de cendres. Le sol consiste toujours en une couche de terre pétrie, entourée de pierres brutes, couvertes d'un ou de plusieurs rangs de grosses pierres, de blocs, (fig. 33, 34) autour desquels on a élevé les tertres qui ont de 16 m. à 18 m. de hauteur. Souvent les cendres et les ossements avaient été versés sur le lit de terre. Les tumuli tout-à-fait simples ne dépassent pas un mètre de haut.

Outre des tessons de différentes poteries, ils ont recueilli des chenets en argile en forme de pyramides (Feuerhunde)*, des *fusaïolles*, un cercle en argile, des morceaux de fer, &c.

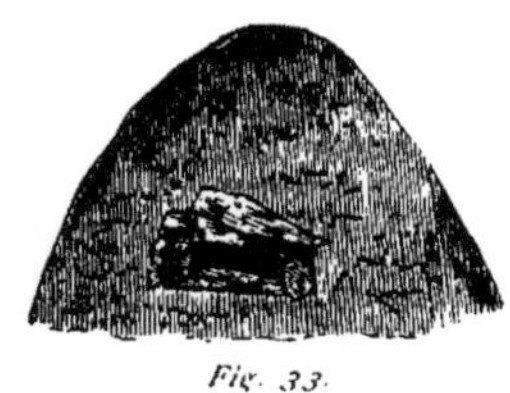

Fig. 33.

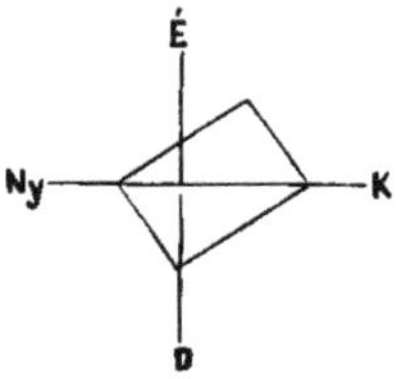

Fig. 34

Ces tumuli appartiennent à l'époque *romaine* et remontent jusqu'au IV-Ve siècle de notre ère. C'est constaté par les fragments de vases rouge-cerise trouvés à Szihalom, à *Érd* dans les Centum colles, et en Autriche par M. le dr Much. Sur cette poterie, ainsi que sur les autres de couleur noire, le méandre barbare est l'ornement dominant (fig. 35—40). (Tous en ½ gr. nat.) Quant à la colonie elle-même, elle devait exister à une petite distance de là, au sud du cimetière, sur le (fig. 32)

* L'expérience a démontré que ces petites pyramides que l'on appelle aujourd'hui généralement en Hongrie comme partout: «poids de tisserands», sont presque toujours des pieds mobiles qu'on plaçait sous les grands vases, en guise de chenets, pour donner de l'air au feu. On les trouve toujours disposés en cercle, toujours noircis par le feu, entre les cendres et les charbons. Le trou qu'on voit un peu au-dessous du sommet devait servir pour les changer de place au moyen de bâtons, pendant que le feu brûlait. On trouve ces pyramides même au dessous des sépultures romaines ce qui démontre clairement qu'elles appartiennent aux peuples barbares

Fig. 35.

Fig. 36.   Fig. 37.

Fig. 38.   Fig. 39.

Fig. 10

Fig. 11

Fig. 12.

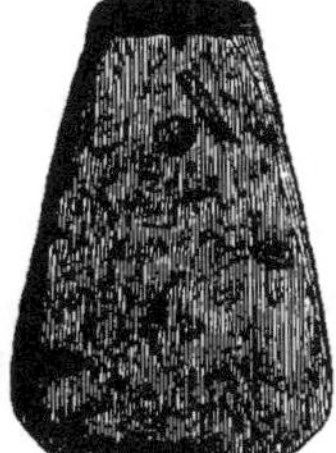

Fig. 14

Fig. 13.

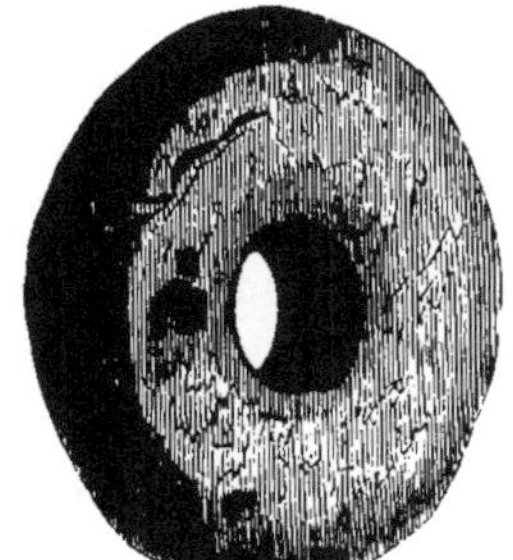

Fig. 15.

Fig. 16

sommet de la colline où il y a aujourd'hui des vignes et une chapelle. On y voit encore les vestiges des anciens remparts bordés de précipices vers la vallée du Kapos. Les vignerons trouvent souvent, dans la terre, des poteries, des *fusaïolles*, des pierres à moudre le blé, &c.

Le tertre *A* a un diamètre de 30 m.; sa hauteur est de 11 m. La fosse, qui est à 2 m. au-dessous de la cime a 1·50 m. de longueur, et 1·10 m. de largeur. La voûte est faite de pierres carrées d'un mètre à 0·30 m. à 0·40 m., lesquelles ont été apportées du comitat de Baranya, car dans le comitat de Somogy, il n'y a pas de carrières. A l'intérieur, sous une couche de terre, on a trouvé une couche de charbons mêlés de cendres et de débris d'ossements. On a recueilli en outre un bouton en bronze, (fig. 42, 43) des parties d'une ceinture, auxquelles adhéraient encore quelques clous, et une autre ceinture en bronze.

Dans le tertre *B*, de 10 m. de diamètre, hauteur 1·50 m., le tombeau se trouve à 0·60 m. au-dessous du sommet. Parmi les cendres disséminées partout, on a trouvé 24 pyramides en argile (fig. 44), un *fusaïolle* ou bouton en argile perforé (fig. 45), trois morceaux de bronze, des têtes à méandre, d'autres incrustées de méandres en spirales (fig. 41), des fragments de silex, &c.

Dans le petit tertre *C*, on n'a rien trouvé.

Le tertre *D*, de 10 m. de diamètre, de 1·20 m. de haut, ne contenait à la profondeur de 0.40 m. que peu de cendres et des ossements. Les autres objets trouvés sont : *a*) 15 morceaux de fer, une plaque de forme circulaire, une pointe de couteau, un fer courbé devant servir d'hameçon &c.; *b*) 16 objets de bronze fondu, entre autres un anneau, et une tête de couteau; des tessons d'un grand vase décorés avec art.

Parmi d'autres fragments, il y avait un morceau d'un vase rouge sur lequel on distingue grossièrement gravées les lettres : R X x (fig. 46).

Le tertre *E* de 8 m. de diamètre, hauteur 1 m., à
0·77 m. de profondeur renfermait un peu de cendre, des
charbons et des ossements. Hors quelques tessons semblables aux précédents, il n'y avait qu'un petit morceau
de bronze.

Les tertres *F* et *G,* n'ont fourni aucun résultat remarquable.

c) TUMULI SITUÉS AUX ENVIRONS DE L'ABBAYE DE BAKONYBÉL COMITAT DE VESZPRÉM.

M. l'abbé mitré de l'abbaye des Bénédictins de Hongrie, *Nicolas de Sárkány,* qui nous avait été d'un grand
secours à l'occasion des fouilles opérées dans la propriété
du comte Paul Eszterházy, à Százhalom du domaine de
Szücs a aussi fait pratiquer plusieurs fouilles dans les propriétés de l'abbaye. Quelques essais faits près du village
de *Bakonybél* n'avaient donné aucun résultat digne d'être
communiqué ; mais au mois de Mai 1875, M. l'abbé en
fit faire de nouvelles, sous sa direction, dans la partie
nommée «Vall», remparts (?). A la profondeur d'un mètre,
sous une masse de tessons, on a trouvé un tombeau fait
de tables de pierres brutes, qui en formaient le fond, les
côtés et le couvercle. Un pot qui y était renfermé, était
d'une matière si fragile, qu'il a éclaté en se trouvant en
communication avec l'air libre ; il y avait en outre une
pierre triangulaire percée d'un trou au milieu, et pesant
de un à deux kilogr. Était-ce un poids ? Une autre pièce
semblable a été trouvée sur le sol, avec une pointe de
fer de lance.

Le 13. Juillet, dans la même partie au Vall, (fig. 47, I)
on a recueilli au milieu d'une quantité de tessons, une
épingle en cuivre, des morceaux de boucles d'oreilles,
quelques anneaux en cuivre, et de petits pots qui ont
été cassés par mégarde.

TEMETKEZÉSI HALMOK.

Felvette Friedrich Béla.

La proportion est du 1 : 1000

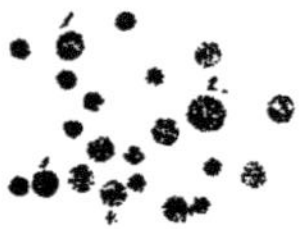

LES TUMULI DE VALL,
A BAKONYBÉL.

Dessinés par M. Béla Friedrich

II.

122

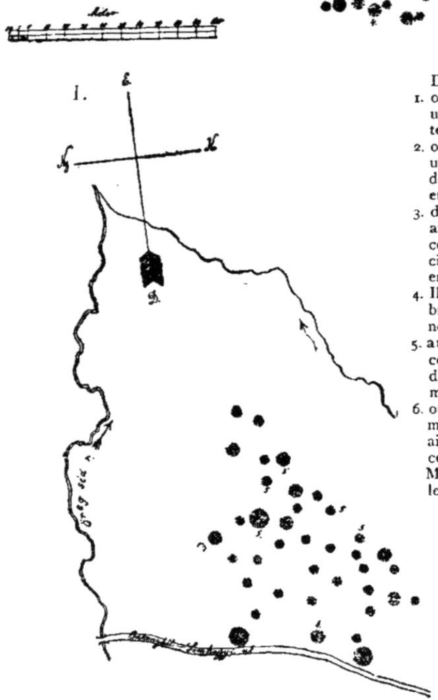

NOTE.

Dans le n⁰

1. on a trouvé, sous des pierres, un petit fer de lance et des tessons envoyés au Musée.
2. ont été trouvés et envoyés: une aiguille de bronze, un fer de lance, une épée, des têts et des os calcinés
3. deux anneaux en bronze, une aiguille, des parties d'un bracelet, des tessons, des os calcinés et des cendres ; le tout envoyé.
4. Il y avait 2 anneaux en bronze, des ossements calcinés et des cendres.
5. au milieu des tessons et des cendres on a trouvé quatre dalles de pierre régulièrement disposées.
6. ont été recueillis des fragments d'une épée, une aiguille, des poteries et des cendres ; le tout emporté par M. Mihály qui avait fait faire les fouilles.

NOTE.

Dans le n⁰

1. on a trouvé un grand vase en terre cuite, que M. Miháldy, qui l'a trouvé, a gardé pour lui.
2. et 3. un squelette et des têts
4. un squelette qui a été envoyé au Musée.
5. outre un squelette, des tessons emportés par M. Miháldy.
6. Dans un terrain plat, sous des pierres on a trouvé un squelette pourri ; il avait à la main un objet semblable à une aiguille, longue de 0,35 m et auprès de l'os de la jambe un vase entier.
7. on a trouvé une aiguille de bronze et des ossements calcinés

Fig. 47.

EXPLICATION DU PLAN :

Öreg séd, le grand ruisseau ; *Bakonybél-Somhegyi ut*, la voie de Bakonybel à Somhegy.

Le 20. Juillet M. l'abbé a dirigé lui-même de nouvelles fouilles dans les prés situés au pied de la montagne nommée Gáthegy. (fig. 47, II) A deux mètres de profondeur sous un tumulus entouré de *pierres plates placées* de champ on a mis à jour un *squelette*, dont le crâne était bien conservé ; il avait encore ses 32 dents, et toutes les parties étaient en bon état sauf les extrémités des pieds qui manquaient.

Dans le cercle de pierres, il y avait une grande quantité d'ossements brûlés.

*

Je ne sais trop si je dois faire mention ici de quelques encaissements en pierres, d'une sépulture, de quelques urnes et de petites poteries, le tout découvert à *Pilin*, parce que le terrain étant cultivé depuis longtemps, il est impossible de déterminer si ces objets viennent d'un cimetière ordinaire ou de tertres déjà aplanis par la charrue comme cela est arrivé ailleurs et arrivera prochainement à Pátka où sous nos yeux, les petits tumuli disparaissent de jour en jour. (Voir : l'*Arch. Közlem.* Tome VIII. p. 73.)

II.

CHAMBRES EN BOIS.

Nous avons une autre espèce de tertres dans lesquels la pierre est remplacée par le bois. Les chambres sépulcrales qu'ils renferment offrent dans leur construction une différence qui varie, depuis les grandes et hautes chambres formées de poteaux jusqu'aux tombeaux simples et bas, composés de branches d'arbres.

Les spécimens des premiers se trouvent à *Csurgó* et à *Szt.-István-Baksa;* les seconds sont à *Érd* et à *Istvánháza.* Voyons-les, les uns après les autres.

a) Près de *Csurgó* (Fejérvár) dans la forêt nommée *Ereszvény*, il y a huit tertres situés presque sur une même ligne. Le troisième, le plus grand, a été l'objet de

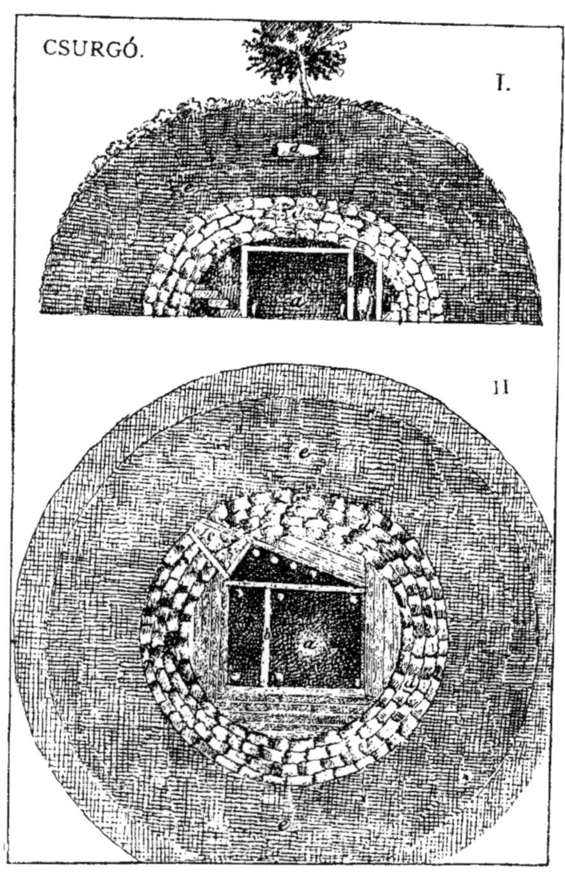

Fig. 18.

fouilles préparées par M. *Pados*, instituteur des fils du comte Georges *Károlyi*, propriétaire de Csurgó, et exécutées par M. Antoine *Koszlics*, à qui nous devons les dessins de ce tertre intéressant (fig. 48, I). La forme du tertre était celle d'un cône presque régulier, de 14 m. de diamètre. Les fouilles commencées par la cime ont d'abord laissé voir, à 3 m. de profondeur, des couches de pierres, au dessous desquelles on a mis à jour des poteaux formant un quadrilatère, avec un toit également en poteaux déjà pourris.

Au milieu de cette chambre, à 3 mètres plus bas il y avait des tessons et des morceaux de fer, et dans l'angle du nord une grande urne cassée qui ne contenait que des cendres; puis auprès de cette urne, un fer de lance, deux autres instruments pointus, des boutons en cuivre, plusieurs bagues et des boucles provenant de harnais de chevaux ou de ceintures destinées à attacher les armes, comme semblaient l'indiquer des restes de cuir encore visibles, une longue épingle, des débris d'urnes rangées à côté des poteaux, des pots pleins d'ossements brûlés, d'autres renfermant des charbons et, dans un amas d'ossements, des os de sanglier. Dans un autre pot on a trouvé des crânes, des omoplates, des côtes, des tibias de petits animaux etc. La chambre, orientée du nord au sud, avait 4 m. de long, 3 m. de large et près de 6 m. dans sa hauteur.

L'entrée garnie, des deux côtés, de planches et de poteaux servant de montants, était bien cachée par de grandes pierres *c*, (fig. 48, II).

M. *Érdy*, invité par M. Pados à venir voir ces tertres pour les déterminer, les attribue aux *Cumans* qui, on le sait, élevaient aussi des tertres au-dessus de leurs morts.

Les tessons que j'ai vus à Csurgó chez M. Pados attestent que la fabrication de ces grands vases graphités, dont nous avons aussi trouvé des restes dans d'autres tumuli, était déjà connue. (Voir: *Magyar Akademiai Érlesitő* 1857, p. 159. A csurgoi Kunhalmok par M. Pados, avec 4 planches).

b) A *Szt.-István-Baksa* (Abauj) j'ai dirigé moi-même avec M. Joseph Hampel les fouilles qui, à cause des grandes dimensions du tertre, nous ont coûté beaucoup de peine et beaucoup d'argent, et ne nous ont procuré que de minces résultats en comparaison de ceux qu'avaient donnés le tertre déjà aplani qui se trouvait tout prés, sur la propriété de M. de Péchy.

Ce qu'il y avait de remarquable, c'est que la chambre *a*

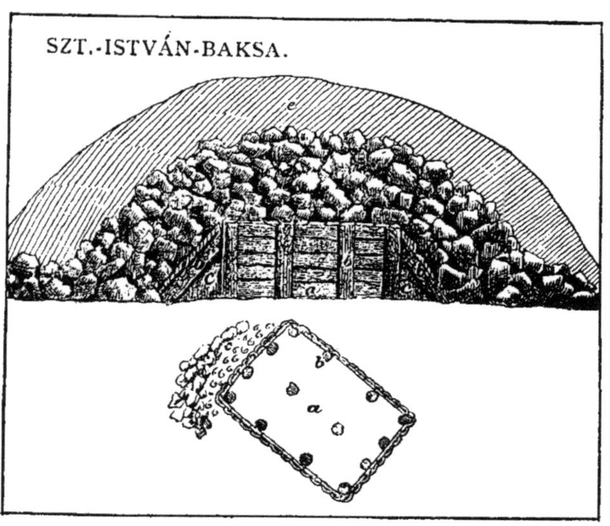

Fig. 49.

(fig. 49) était soutenue par des colonnes *a*, *b*, en planches noircies et bien serrées, et pour les garantir de l'humidité, les parois en étaient recouvertes d'une couche épaisse de 0·30—0·40 m., faite d'écorce de jeunes arbres *c, c.* Cette écorce roulée formait des cylindres creux qui servaient à la dessication.

La chambre était couverte de blocs de pierre *d,* que 4—5 hommes ont eu bien de la peine à remuer et qui

Érd és Batta köz:tti hatàr, limite entre Érd et Batta
Római ut, la route romaine

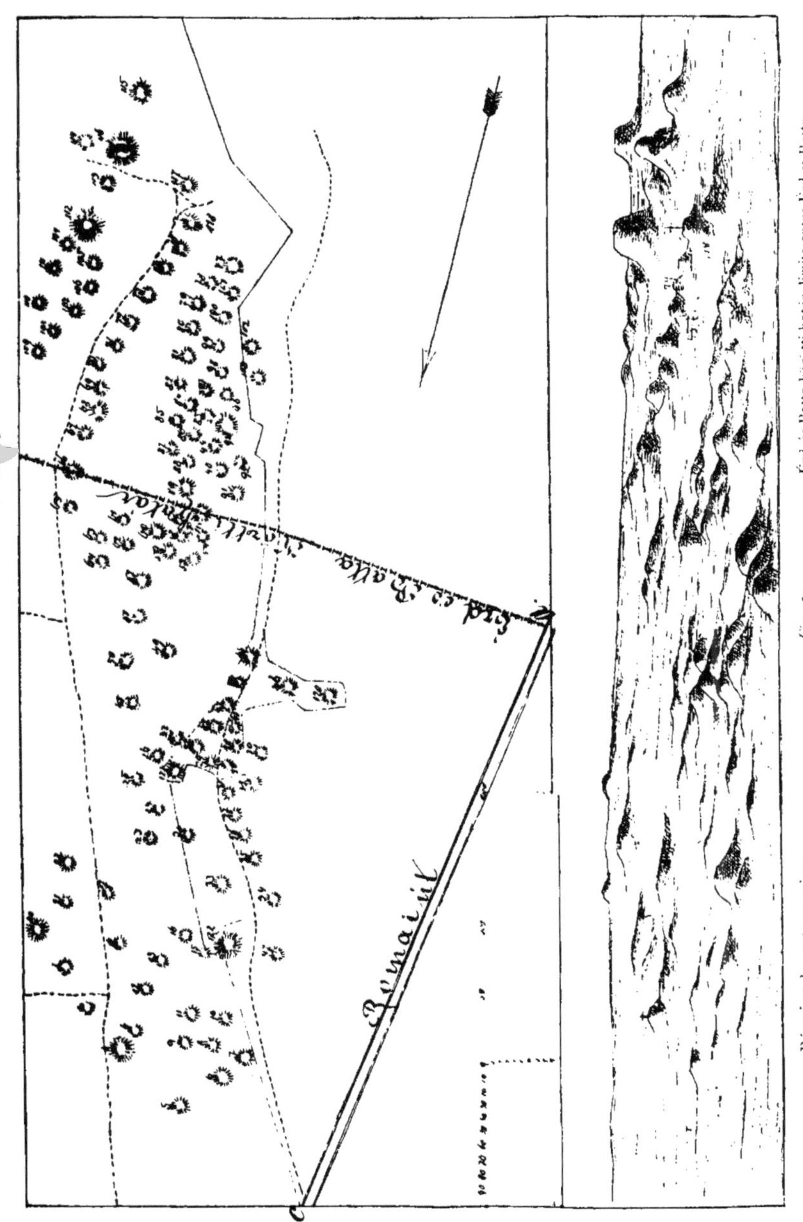

Fig. 50

ont dû être apportés d'une distance d'au moins trois heures, car dans les environs de Sz.-István Baksa, il ne se trouve pas de pierres.

À l'occasion du Congrés, la famille de feu M. le baron Simon de Sina a fourni les moyens de faire quelques fouilles.

c) à *Erd*, parmi les célèbres tertres des «Centum colles». M. le dr. Jules Tauscher avec M. Alexis Jelenik envoyé par le comité d'organisation a dirigé l'exploration de deux tumuli encore intacts. Dans l'un d'eux on a trouvé une tombe de modestes dimensions, faite de poteaux couchés les uns sur les autres, et formant une voûte de laquelle ils n'ont vu que les restes, parce que les fouilles avaient été commencées par la cime, et non comme je l'avais prescrit, de côté; en opérant de cette manière, la partie supérieure, du tombeau a été endommagée.

Quelques urnes et entre autres objets un casque en fer ont été les résultats de ces recherches qui ont rendu vraisemblable la supposition que ces tumuli appartiennent à l'époque de l'occupation romaine.

Nous avons aussi trouvé un encaissement en bois à

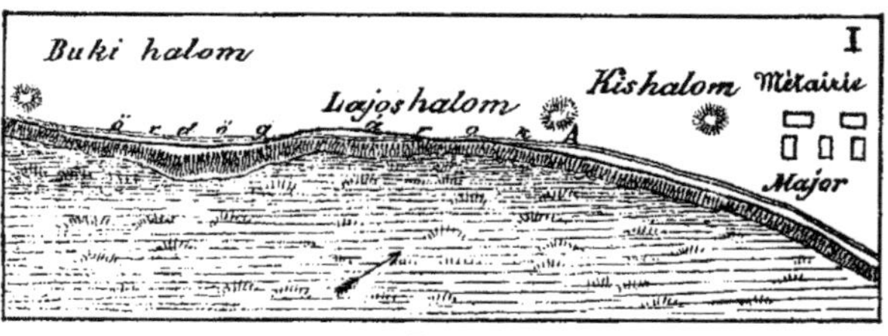

Fig. 51.

d) Lajos-halom (Tumulus de Louis) ainsi nommée par reconnaissance envers M. Louis Schweiger, fermier de la Puszta Istvánháza, propriété du Collége des Réformés à Sárospatak. (fig. 51)

Tout près '95 m., du fossé du diable (ördög-árok) et parallèlement au fossé sont situés trois tertres ; le 17. Août 1876 nous avons ouvert celui du milieu qui est de moyenne grandeur, dit M. *Albert Kovách*, membre de l'association particulière des archéologues de *Tiszazug*, à qui nous devons les dessins et la description exacte de ces fouilles.

Comme le pied de ce tertre est cultivé depuis 35 ans, son diamètre s'est étendu jusqu'à 45·50 m. ; sa hauteur est de 4·80 m. Il est formé d'une terre rapportée, noire, sablonneuse et facilement friable. Après toute une journée de travail, avec 13 ouvriers, dirigés par M. *Schweiger*, nous n'avions trouvé que quelques ossements et des tessons, et le soir, à la lueur des lampes de pétrole nous sommes arrivés à la profondeur de 4·70 m. où nous avons rencontré le sol naturel d'une grande dureté.

Le lendemain nous avons continué le travail dans la direction de l'est en creusant un fossé de 2·85 m. qui élargissait le fossé de la veille, et nous avons recueilli un petit nucleus d'obsidienne. Les résultats n'étaient donc pas favorables, et nous étions décidés à terminer les fouilles le 19 ; mais ce jour-là, à la profondeur de 3·80 m., nous avons découvert des restes de bois pourri qui semblaient provenir de branches d'arbres et qui ressemblaient à des filaments de charpie blanche.

Alors procédant par la base, nous avons trouvé 4 morceaux de bois plus épais et aussi filamenteux que les premiers. Enfin à 4·74 m. est apparue une couche entière de ce bois, au-dessous de laquelle il y avait des ossements humains. Le soir, la chambre du tombeau (fig. 52, II)*a* était entièrement à découvert, et après en avoir enlevé la terre jaune et une mince couche de sable qui se trouvait au-dessous, nous avons vu les branches qui formaient le toit du tombeau, couvertes de cette fine matière semblable à un tissu blanc. Ces fils qui entouraient

entièrement le bois n'étaient autre chose que de l'écorce
pourrie ; ce qui nous montre que les poteaux n'avaient
pas été équarris, seulement ils avaient probablement perdu
un peu de leur rondeur, par suite de la pression, car
tandis que leur largeur était de 0.05 m., leur hauteur
n'était que de 0·02 m.

Après avoir levé cette couche de bois pourri, nous
avons aperçu trois squelettes placés l'un à côté de l'autre *a*
(fig. 52, II) dans une position regulière, la tête vers le midi.

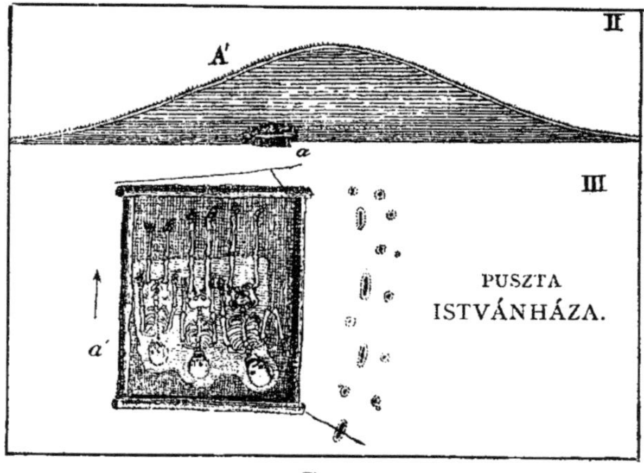

Fig. 52.

Le premier squelette qui occupait la partie orientale
du tombeau avait 1.63 m. ; celui du milieu 1·34 m. et le
troisième 1·26 m.

Quoique les couches inférieures fussent bien sèches,
il ne nous a pas été possible d'enlever un crâne ou des
ossements complets, excepté les dents. Le premier squelette avait la main droite relevée vers la tête, les autres
avaient les mains serrées auprès du corps ; ils étaient
couchés sur une espèce de dalle de ciment composé d'un
mélange de chaux, de sable et d'argile, de couleur gris-

clair et assez dur pour que nous n'en pussions détacher que de petits morceaux, la masse s'étant brisée; ce ciment ne s'étendait que jusque sous les genoux et les pieds reposaient sur du sable pur. Nous avons observé que, sous la tête du premier squelette et sous celle du second, il y avait, dans le ciment, un trou de la grosseur d'une noix.

Chose remarquable! dans cette chambre, il n'y avait pas un outil, pas d'ornements, pas même un tesson! le ciment dont nous avons parlé en faisait le sol; les parois consistaient de branches d'arbres qui s'élevaient jusqu'à 0·76, puis se courbaient pour former le toit ou couvercle que l'on rendait plus épais en y ajoutant des rameaux avec leur feuillage.

Comme ces squelettes étaient intacts et qu'ils n'étaient accompagnés d'aucune œuvre d'art, il nous semble que ce n'est pas pour eux que ce grand tumulus a été élevé, mais qu'ils n'étaient que la suite d'un chef probablement enterré dans ce tertre, et qu'on n'a pas encore découvert.

c) M. *Szivos*, professeur à *Szentes* nous a donné connaissance dans sa lettre n° 788, qu'à quelques kilomètres de cette ville, vers l'est, il y a un tertre nommé Besenyő-halma (tumulus des Besenyő, ancien peuple en Hongrie) dans lequel, il y a quelques années, on a trouvé une galerie de poteaux pourris et des ossements. Les autres renseignements nous manquent, mais nous espérons que nos confrères nous les signaleront bientôt.

III.

TUMULUS A FOUR.

Quant à ce qui concerne l'intérieur des tumuli, je dois parler d'une spécialité que j'ai trouvée dans un tumulus . . . .

A *l'askut*, près de Baja (Bács) ou il y a deux groupes de tumuli (fig. 53, 54) ; l'un, vers le nord, est composé de cinq tertres disposés en hémicycle, l'autre, vers le midi, à 2600 m. de distance, compte six tertres et une circonvallation barbare cratériforme de 132 m. de diamètre. Ces tumuli et le camp étaient autrefois défendus par des marais d'une grande étendue.

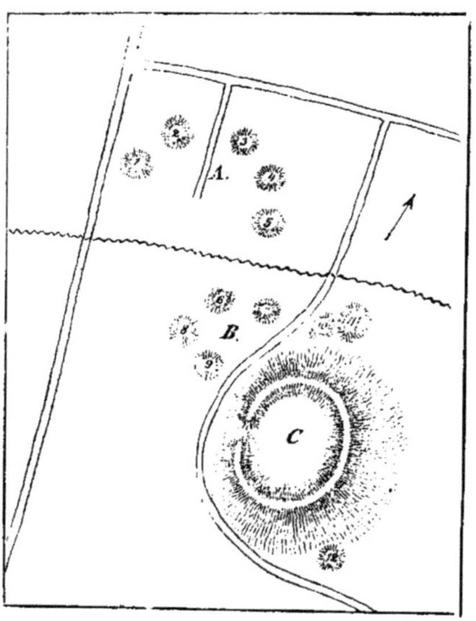

Fig. 53.

Appelé par un comité, je m'y suis rendu le 14 Juin 1868 pour diriger les fouilles. Nous avons commencé à remuer la partie du nord, sans y trouver autre chose que quelques fragments de fer. La distance entre chaque tumulus, en partant de l'ouest est de 20 m., 19 m., 16 m., 8 m.; leurs diamètres varient entre 32 m., 32 m., 30 m., 24 m., 24 m., et la 5 m., hauteur 6 m., 6 m., 4 m., 6. m. Les paysans disent qu'ils ont trouvé un

cercueil dans celui du milieu ; mais la chose n'a pas été
constatée.

Dans le groupe du midi, dans un des tumuli *B'* nous
avons découvert une sépulture *en forme de four;* le segment semicirculaire que nous y avons pratiqué a laissé
voir les parois cuites, et une quantité d'argile brûlée
ainsi que le treillage de bâtons qui avait servi à la con-

Fig. 51

struction du four ; la base était d'argile jaune. Au milieu,
il y avait une espèce de cheminée, au-dessous de laquelle
on remarquait encore les restes d'un squelette couché de
l'est à l'ouest. Aux pieds, il y avait des crampons en
forme de rateau, (fig. 55) qui devaient probablement servir à
tenir réunies les planches du cercueil, car on y voyait
encore quelques fibres de bois ; puis, comme à *Gesztéréd*

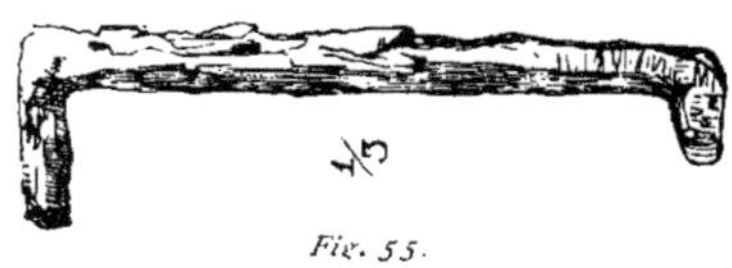

Fig. 55.

des fers en forme de S à un tranchant pour serrer les planches.

Ce four *n'était pas à la base du tertre* qui était probablement trop humide, mais à la profondeur de trois mètres au-dessous de la cime; en creusant nous avons remarqué que, vers le sud, il y avait une galerie, large d'un mètre, pleine de cendres et de terre friable; c'est par là qu'on apportait les cadavres dont les cercueils en planches étaient probablement réunis à l'intérieur et soutenus par des fers.

Comme nous n'y avons trouvé ni poteries, ni armes, ni ustensiles, il est bien probable que ce tumulus avait déjà été ouvert; on n'y avait laissé que des fers rouillés et sans aucune valeur.

Ce qui y a été recueilli a été déposé dans la collection du musée national.

M. professeur *Czirfusz* a communiqué dans le *Hon* 1868. 25. Jul. quelques détails sur ce tertre.

Voir aussi JK. XXIV, p. 146—158.

<h2 style="text-align:center">IV.</h2>

AUTRES TUMULI.

a) LES TUMULI DE GESZTERÉD.

Geszteréd est situé dans le comitat de *Szabolcs*. M. le baron Joseph de Vécsey, préfet du comitat en 1868 a fait faire des fouilles dans les tumuli rangés en demi-cercle à l'ouest du village. A présent on en voit encore six, dont deux petits; l'un des grands, quoique labouré régulièrement depuis longtemps, a encore 4 m. de hauteur et 30 m. de diamètre. Arrivé au sol naturel, il n'a pas eu de peine à distinguer la fosse du tombeau, placé dans la direction du nord au sud.

Les trouvailles consistant en objets en fer et en argent sont : une épée brisée, fig. 56 dont on pouvait encore voir quelques parties du fourreau; (fig. 57—65.) un onyx, probablement détaché du bouton de la poignée (fig. 66) deux éperons en argent, un fer de lance dont la douille était ornée d'un anneau en argent, (fig. 67) la bosse d'un bouclier en argent, une tête d'animal en ambre, destinée sans doute à être suspendue au cou par un cordon, un étrier en fer (fig. 68) un disque, (fig. 69) differents fragmens. (fig. 70—72) et un plat en argile (fig. 73 etc. — Enfin une terrine comme celles d'Arezzo, mais plus pâle et ornementée de feuilles, ouvrage de la décadence. Au musée de Berlin il y en a un tout à fait semblable sous le n° 1133.

Tous ces objets ont été généreusement donnés au musée national par M. le baron qui les a décrits luimême dans l'*Archaeologiai Értesitő*, vol. I, p. 49.

Le 4. Mars, les fouilles ont été continuées sous la direction de M. le baron. J'y suis allé pour y prendre part, et j'ai vu que là, comme à *Vaskut* (comitat de Bácska) il y a deux groupes de tumuli, mais dont la plupart ont à peu près disparu de la surface du sol; le seul qui soit resté intact est celui qui sert de cimetière aux Juifs. Dans 4 tumuli on n'a trouvé que quelques fragments de fer, parce qu'ils avaient déjà été bouleversés à une époque antérieure; cependant les crochets en forme de fig. 55. et les autres en forme de la lettre S ont suffi pour démontrer qu'ils appartenaient à la même époque que ceux de *Vaskut*, et que ces crampons servaient à réunir les planches épaisses des cercueils, car là aussi des filaments de bois y étaient restés attachées. (Voir ibid. vol. I. p. 181.)

β) LES TUMULI DE SZÁZHALOM PRÈS DE BAKONYBÉL.

Les Cent-Collines (Százhalom) entre *Szücs* et *Bakony-bél* (comitat de Veszprém m'étaient connues depuis une

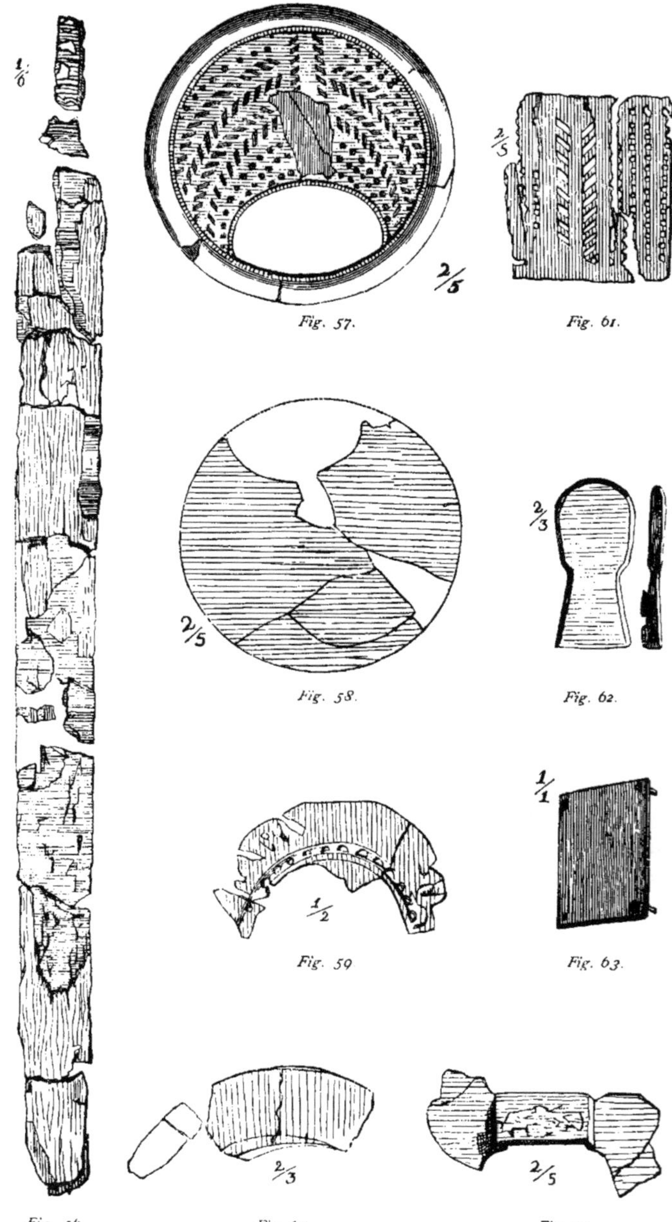

Fig. 56.

Fig. 57.

Fig. 58.

Fig. 59.

Fig. 60.

Fig. 61.

Fig. 62.

Fig. 63.

Fig. 64.

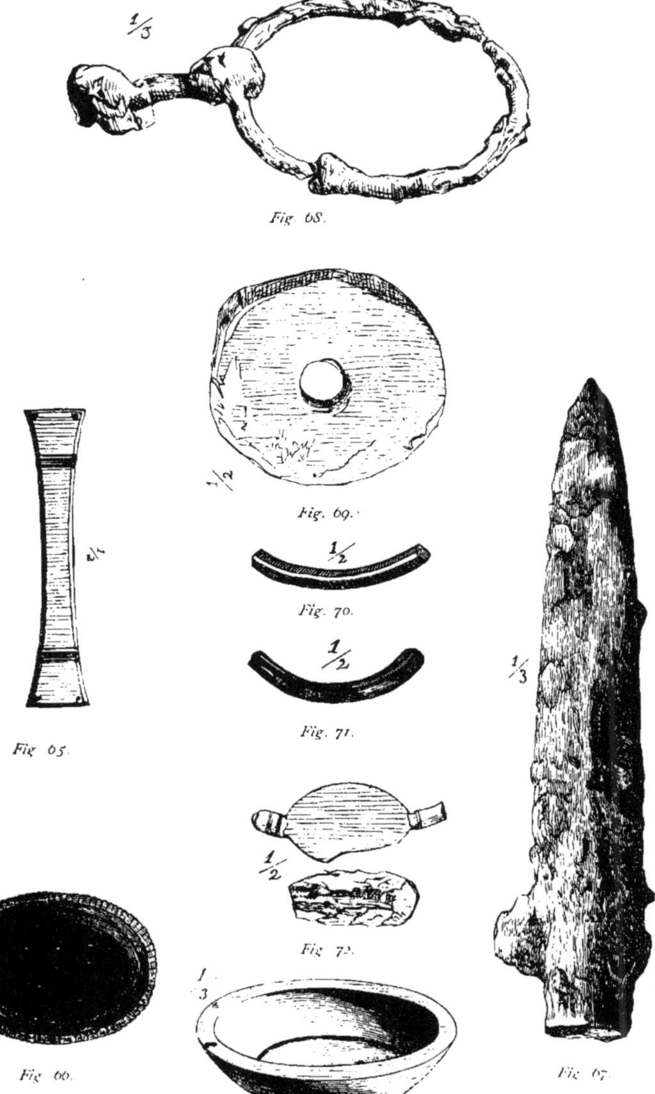

Fig. 68.

Fig. 65.

Fig. 69.

Fig. 70.

Fig. 71.

Fig. 66.

Fig. 72.

Fig. 73.

Fig. 67.

vingtaine d'années, mais j'avais réservé, pour les membres du Congrés, l'exploitation de ce groupe de 166 tertres encore visibles, dont 14 se trouvent, dans la direction de l'est, à 165 m. au delà de la route, nommée Barát-út (route des moines) qui va de Bakonybél à Porva. L'accès de cet endroit qui est difficile et fatigant pour le piéton est presque impossible pour les charrettes. C'est un réduit sauvage, éloigné, encore aujourd'hui, de toute habitation, et qui n'est guère connu que du gibier et des bûcherons. Ces derniers ont souvent cherché des trésors dans la plupart de ces tumuli qu'ils ont fouillés.

Le 27e Avril 1875, M. Miháldy curé de Bakony-Sz. László, M. Antoine Nyulassy, curé de Bakonybél, M. Béla Friedrich intendant de l'abbaye et moi, nous sommes arrivés au milieu de la grande forêt, où entre les hêtres imposants, les tumuli s'élèvent, semblables aux vagues d'une mer, soudainement changées en terre.

Pendant que M. Nyulassy surveillait les préparatifs d'un dîner champêtre qu'il se faisait un plaisir de nous offrir, nous avons commencé, à l'aide d'une vingtaine d'ouvriers, à fouiller divers tumuli; mais la plupart ne nous ont donné que des tessons et des vestiges d'ustrines.

Dans celui qui porte le n° 10 (fig. 74.) et qui avait déjà été fouillé, nous avons mis à découvert une cavité de la forme d'un cône renversé, toute noircie par le charbon, et dont le milieu était rempli des restes d'un grand pot rouge, au-dessous desquels se trouvait une terrine noire, écrasée, de 0.14 m. de hauteur et de 0.18 m. de largeur.

Le tertre n° 11, que nous avons attaqué dans la direction de l'est, a 3 m. de haut et 26 m. de diamètre. A peu de distance de la périphérie, nous avons trouvé un espace de 2 m. carrés, où, sur une strate de chaux blanche, gisaient des tessons, des poteries brutes, et entre autres, des morceaux d'une épée brisée, des ciseaux en bronze dont les

SZÁZ HALMOK
A BAKONYBAN, KÖRÖSHEGY ÉS
SOMHEGY KÖZÖTT.
Felvette FRIEDRICH BÉLA.
Mérték arány 1:1000

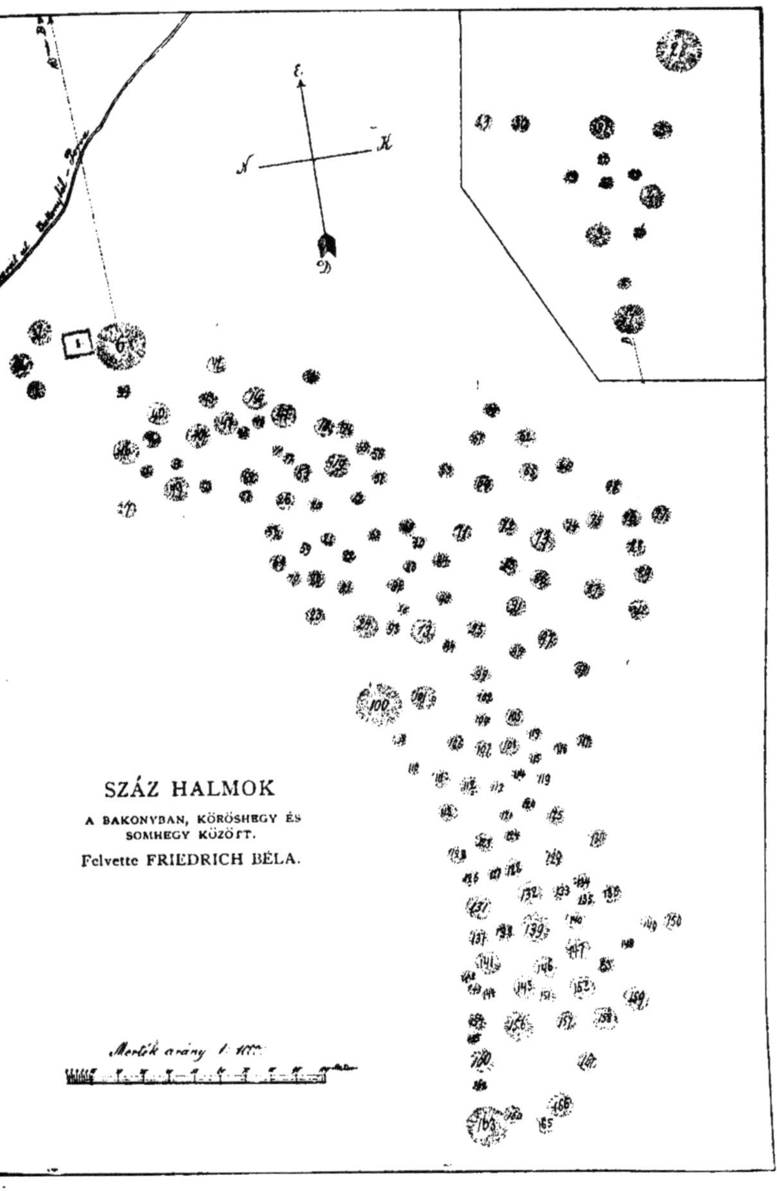

Fig. 74.

pointes étaient toutes dirigées vers le centre de l'ustrine. En continuant la fouille nous avons remarqué que presque toute la base du tertre était parsemée de pierres et de tessons; mais nous n'avons pas trouvé d'autres objets. (Jk. XXXVIII. 151).

Le 4. Octobre, M. le curé Mihâldy, à qui nous devons ces détails, a continué les fouilles aux frais de son Excellence le feu comte Paul Eszterhâzy. Le tumulus que nous avons commencé à fouiller, dit-il, a été attaqué par 17 ouvriers, mais le premier jour nous n'avons fait aucune trouvaille.

Le lendemain, le travail a été continué avec 12 ouvriers, et n'a donné pour résultat qu'un fragment de poterie.

Dans un autre tumulus, nous n'avons obtenu que quelques grands morceaux de silex.

Le 6. Octobre, 26 ouvriers ont commencé des fouilles dans deux tumuli à la fois. Dans l'un à la profondeur d'un mètre, nous avons vu une couche rouge, longue de trois mètres. Plus les travaux avançaient, plus nous distinguions la place d'une ustrine grandiose dont l'épaisseur était de 0.10 m., et de différentes couleurs. Après un travail assidu de plusieurs heures, le résultat a trompé toutes nos espérances, car un morceau d'épingle, deux morceaux d'une épée de bronze et 8 tessons ont été notre unique récompense après tant de peines.

Une chose à remarquer, c'est que nous n'avons recueilli qu'un décilitre de charbons, contre 25—26 litres de cendres fines.

Les trois tumuli, de moyenne grandeur, qui ont été fouillés ne renfermaient d'autres traces d'incinération que quelques charbons disséminés et quelques petits tessons.

Les trois autres tumuli n'ont pas donné d'autres résultats.

γ) LES TUMULI DE PÁTKA (FEJÉRVÁR).

Dans la proximité d'un ancien lac d'une assez grande étendue, dont les eaux avaient haussé dans le cours du siècle dernier et fournissaient une grande quantité de poissons, il y a une colline dont le penchant était parsemé des tumuli d'un vaste cimetière antique. Comme tous les environs de cette nécropole sont déjà labourés et que la plaine est convertie en prairies artificielles, l'économie ne permet pas que cette partie de terrain onduleux reste en pâturage. Avant qu'on en eût commencé le défrichement, le 30 août 1874, le dr. Henszlmann a fait exécuter des fouilles dans trois tumuli; il en a communiqué le résultat dans l'*Arch. Ért.* IX, v. p. 77.

La seconde fois, j'ai dirigé moi-même les fouilles de trois autres tumuli, en présence du ministre de l'instruction publique, M. Tréfort, et du ministre de la guerre, M. Szende. Nous avons recueilli quelques cruches rouges et des tessons, des poteries romaines et d'autres barbarisées. La plupart de ces vases étaient en morceaux, parce que les tumuli sont déjà presque aplanis par la culture et que le sol a été foulé dans tous les sens par les lourds chariots chargés de grains ou de foin, qui ont écrasé tout ce qui se trouvait sous la terre.

Comme il est très-rare que, chez nous, on puisse faire des fouilles comme on le voudrait, et même que l'on trouve un nombre suffisant d'ouvriers, j'ai profité de la permission qu'avaient bien voulu m'accorder les comtesses CHRISTINE FESZTETICS-TRAUTENBERG et GIZELLA FESZTETICS-LUDWIGSDORF, propriétaires de Pátka, et de l'obligeance de M. le député GEORGES KÉGL, fermier du domaine, qui a mis à ma disposition tous les ouvriers nécessaires, pour faire des fouilles régulières dans une partie de ces tumuli, et j'ai engagé M. l'ingénieur royal,

Gustave Zsigmondy, et M. Ernest Kammerer, un de mes assidus élèves de l'Université à m'assister dans ce travail. M. le dr Seidel, curé de Pátka, s'est aussi joint à nous. C'est à M. Kégl, que nous devons la possibilité que nous avons eue d'ouvrir, dans cette occasion, jusqu'à 25 tertres, dont nous avons fait une description exacte, et dans lesquels nous avons récolté plus d'une centaine de vases et d'objets divers en bronze et en fer, qui ont été, en partie, exposés pendant le Congrès. (Voir le *Catalogue* de M. J. Hampel, p. 76.)

Le 6 octobre 1875 nous sommes arrivés à Pátka, (près d'Alba), où nous avons trouvé toutes les dispositions nécessaires prises d'avance pour commencer nos travaux immédiatement. M. Zsigmondy s'est mis, à l'aide de M. Kammerer, à mesurer le vaste terrain couvert des tumuli qui s'élevaient encore alors; un grand nombre avaient déjà été aplanis par ces chercheurs de trésors qu'on rencontre dans tout le royaume, qui font leurs recherches d'après des indications qu'ils puisent dans les chartes publiées après l'occupation turque, et qui troublent même les savants qui n'hésitent pas à hasarder leur argent dans des entreprises si douteuses.

Dans ce travail géométrique, (fig. 75) chaque tertre a été marqué par un poteau numéroté, afin que nous puissions les retrouver et compléter la carte topographique de ces cimetières. Les tertres encore à reconnaître sont au nombre de 134; mais il y a beaucoup de places où, sous un terrain plat, on trouve, à la profondeur de quelques centimètres, de véritables nids de vases, de charbons et de cendres.

On peut voir, sur le plan, les tumuli explorés qui ordinairement se ressemblent tous.

Les données statistiques constatent que dans le cours des dernières années on a ouvert 31 tumuli, parmi lesquels les nᵒˢ 6, 19 et 45 ont été fouillés par le dr Henszl-

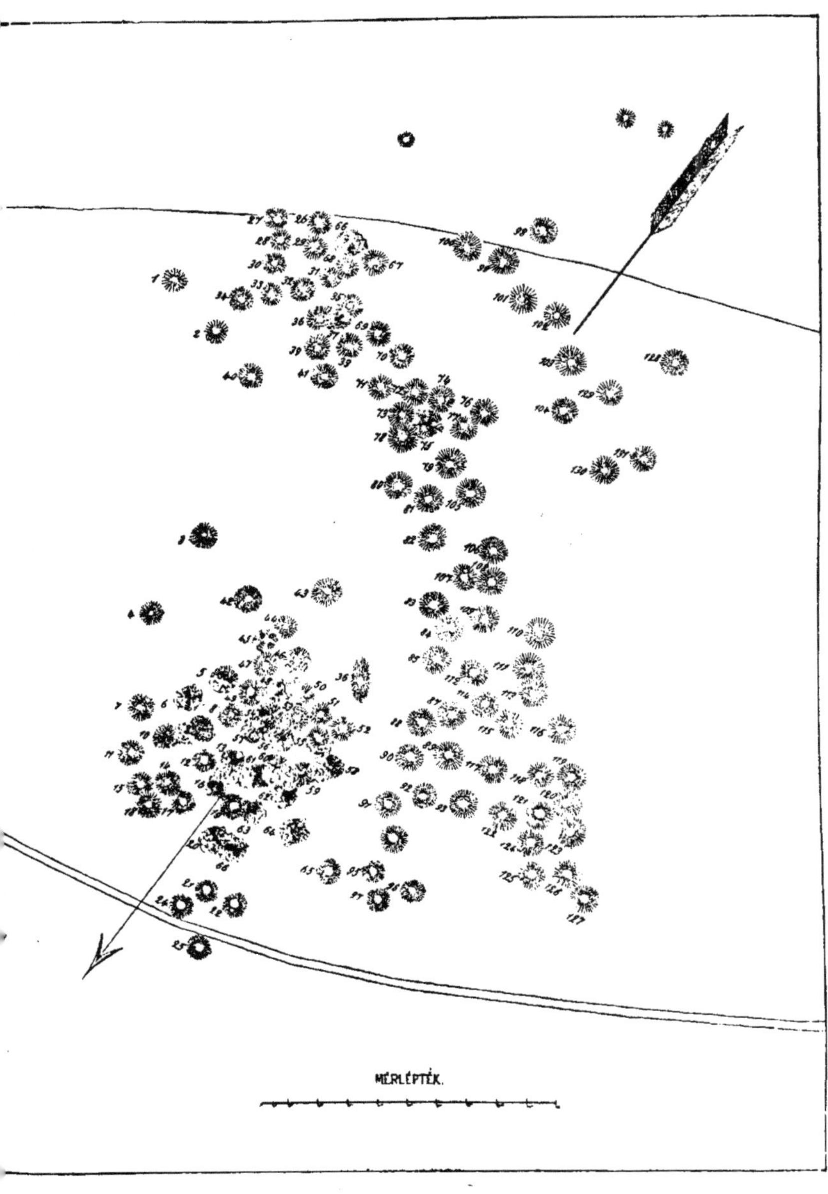

Fig. 75.

mann; les n°s 9, 10 et 13 en présence de MM. les
ministres. M. le curé a assisté aux fouilles des n°s 2, 39,
48, 54, 71, 78, 105; M. le baron TRAUTENBERG à celles

Fig. 76

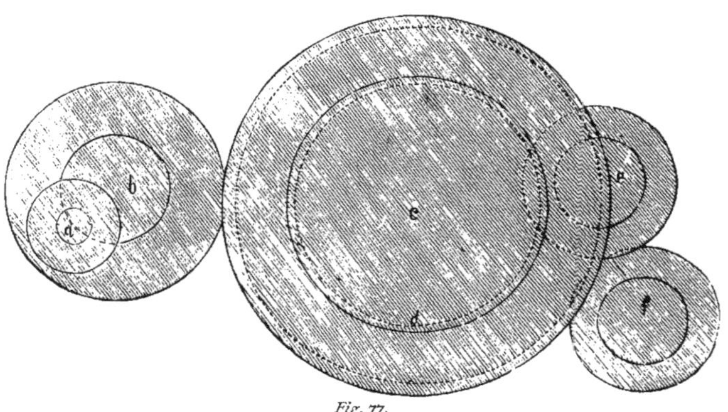

Fig. 77.

du 62; M. le comte JEAN CZIRÁKY à celles du 63. Le 55
a été exploré par MM. Zsigmondy et Kammerer; les 46
94, 72, 75 par M. Kammerer seul. J'ai dirigé moi-même

les fouilles dans les n°⁵ 16, 20, 50, 56, 55, 57, 58, 59, 60, 61, 69.

Les diamètres de ces tertres varient entre 7·60 m. et 12 m. Leur hauteur est de 0·20 m. à 1·30 m., et la profondeur à laquelle les objets ont été trouvés est en rapport avec la hauteur du tertre.

Le temps a singulièrement favorisé ce travail. Nous avons, pendant tout le temps, joui d'un soleil qui séchait la surface de la terre et même l'intérieur des tumuli où il est quelquefois nécessaire de faire sécher les poteries sous un abri quelconque, pour les extraire entières.

Après avoir travaillé pendant quatre jours avec douze ouvrirse, nous nous sommes aperçus qu'une partie des tertres avaient déjà été bouleversés jadis. Dans ceux qui étaient restés intacts nous avons presque toujours trouvé les mêmes espèces d'objets, et la même disposition, le même ordre dans l'arrangement de ces objets, ce qui prouve que là a vécu une colonie assez nombreuse, qui n'a pas eu besoin d'habiter cet endroit pendant des siècles pour remplir ces sépultures.

A l'ordinaire, au-dessus de deux ou trois plats ou de grands pots, il se trouvait d'autres plats ou d'autres grands pots qui semblaient servir de couvercles aux premiers (fig. 76); nous avons recueilli, en outre, des gobelets contenant des charbons et de la cendre, des ossements, des cruches à une ou à deux anses, à orifice rond ou en forme de trèfle, et, mêlés à toutes ces choses, des fragments de fibules, des bracelets en bronze, quelques objets en verre et en fer fondu, puis une couche de quelques centimètres de charbons et de cendres, provenant probablement de l'ustrinum.

Les tertres les plus remarquables étaient les n°⁵ 20, 39, 46, 54, 58, 72, 75, 105, desquels nous donnons ici un dessin typique (fig. 76, 77); nous faisons en même temps remarquer que dans les tombes 57, 59 nous avons trouvé *un clou*, dans la 48ᵉᵐᵉ, deux, et dans les nᵒˢ 55, 56, 58, trois clous de fer (voir la fig. 76 pag. 144) voir n° 54; le n° 105 a fourni seulement des fragments de clous semblables; les autres n'en contenaient pas du tout.

La plupart des poteries formées d'une argile bleue, étaient faites au tour; les unes étaient lisses et sans

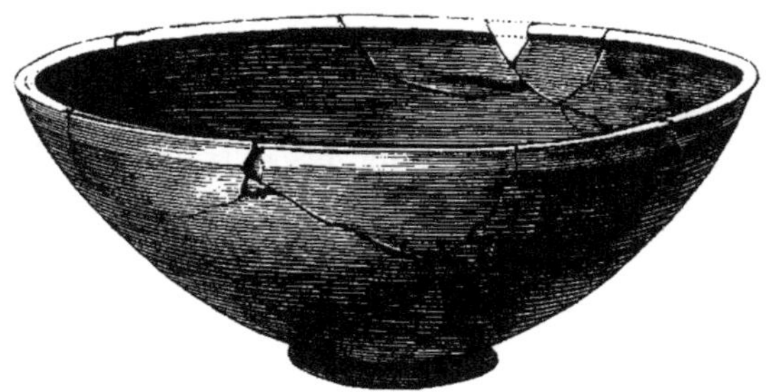

Fig. 78.

Fig. 79.

autre ornement que des zônes de diverses couleurs (fig. 78, 79); les autres avaient deux, trois ou plusieurs rangs de points ou de sillons faits avec un instrument ou avec les ongles, principalement autour des cols des cruches et sur les bords des plats (fig. 80).

Quelques plats en argile bleue sont ornementés de feuilles imprimées au moyen d'un moule (fig. 81, 82 pag. 147);

Fig. 80.

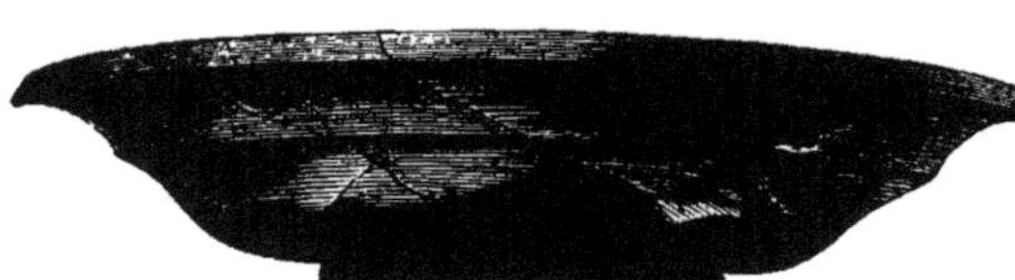

Fig. 81.

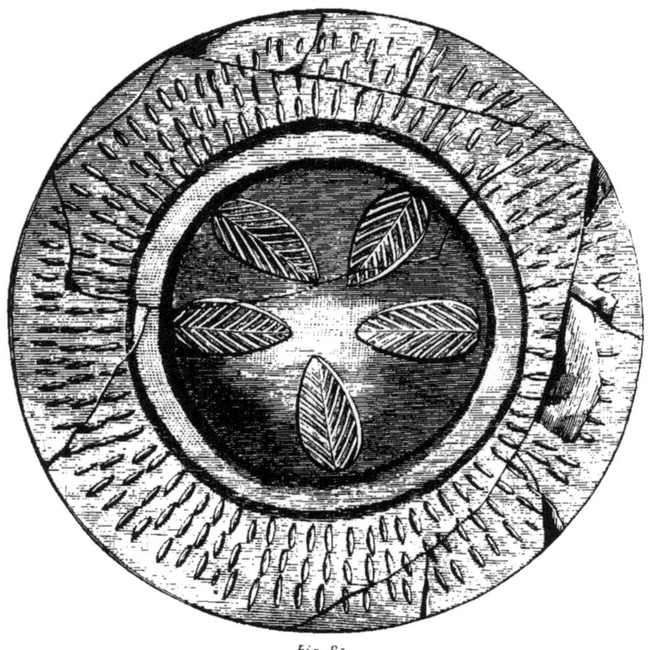

Fig. 82.

en général les cruches sont très-bien cuites, de couleur
rouge ou jaune; les mieux conservées sont en terre
sigillée.

Outre ces poteries, il y en avait quelques pièces
grossières, de couleur noire, et travaillées à la main.

Nous n'osons pas décider si ce sont les Romains,
qui ont barbarisé leur poterie originale comme ce plat
qui a la même forme que ceux en terre sigillée, (fig. 83, 84)
pour s'accommoder au goût des indigènes, comme cela
arrive encore aujourd'hui dans les pays avancés qui font
le commerce avec des barbares; ou si plutôt les barbares
ont romanisé leurs œuvres en argile? Le plus probable
est que c'est le commerce qui a opéré la réunion de vases
d'un caractère si différent.

Il est incontestable que les poteries de *Csákvár*,
près de Pátka, ont aujourd'hui encore une grande renommée, même au delà du Danube, et que la glaise
de cette partie du Bakony fournit la vaisselle la plus
recherchée.

On ne peut douter que cette contrée ne fût autrefois
couverte de forêts, et que le peuple mêlé aux Romains
qui occupaient cette partie de l'ancienne Pannonie ne fût
relativement très-pauvre; et il est vraisemblable que c'est
pour cette raison que nos contemporains n'ont pas risqué
un travail pénible, pour n'obtenir que quelques clous de
fer et des tessons sans aucun usage. Ajoutons encore
que nos anciennes cartes nous désignent ces contrées
comme ayant été habitées par les *Osoncs* et leurs voisins
les *Jasuloncs*. Nous n'avons point d'autres conclusions à
tirer de tout ce que nous avons trouvé jusqu'à présent.

Quant à décider si les Romains et les Barbares ont
vécu ensemble ou séparément, sans se mêler, nous ne
pouvons dire qu'une chose; c'est que sur les pierres que
nous avons déterrées, il y a des inscriptions et des ornements qui représentent non-seulement des costumes diffé-

rents de ceux des Romains mais nous donnent les noms
des barbares qui ont habité et cultivé ces contrées avant
l'invasion des vainqueurs du monde.

Fig. 83.

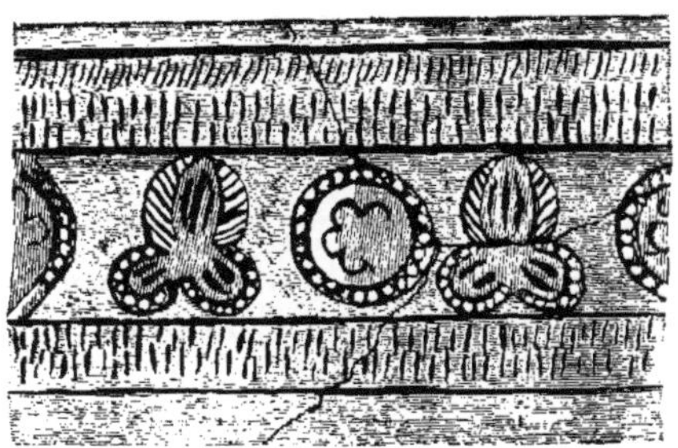

Fig. 84.

Ces résultats assez satisfaisants dont nous donnerons,
pour nos compatriotes, une description plus étendue,
n'auraient pas été obtenus sans l'aide de notre bien noble

mécène M. Kégl, et sans la grâce bienveillante avec laquelle Mme Kégl, nous a fait les honneurs de sa maison, en nous traitant d'une manière non-seulement hospitalière, mais même splendide, aussi bien chez elle que sur le champ des fouilles et au moulin situé dans le voisinage.

Que la conscience d'avoir collaboré si efficacement au soutien de l'Archéologie préhistorique soit leur récompense et leur plus belle satisfaction.

δ) LES TUMULI PRÈS DE LA CAPITALE.

A côté du Csöszárka, le fossé du diable, il y a sur les collines deux groupes de tertres : l'un à *Puszta-Monostor*, propriété de M. SIGISMOND SCHOSSBERGER, où nous voyons 15 tumuli non encore explorés (voir *Planche* I, 1.); l'autre, dans la plaine appelée des *Trente tertres*, est situé sur le territoire de *Vácz-Sz.-László*, appartenant à la couronne, comme le *Sz.-Pálhegy*, où il y a 12 grands tumuli dont quelques-uns ont été ouverts à l'occasion du Congrès sans fournir aucun objet digne d'attention.

Au pied de cette montagne, on trouve les cimetières III et IIIa dont nous parlons dans le chapitre des cimetières. (Voir aussi *la Planche* I, 2. ci-jointe.)

ε) LES TUMULI PRÈS DE LA TISZA.

Comme M. le curé TARICZKY le fait observer avec raison, tous les tertres ne sont pas artificiels; il y en a qui sont l'œuvre de la nature.

Dans ces tertres naturels on trouve, dit il, des tombeaux remarquables comme ceux qu'on a découverts sur

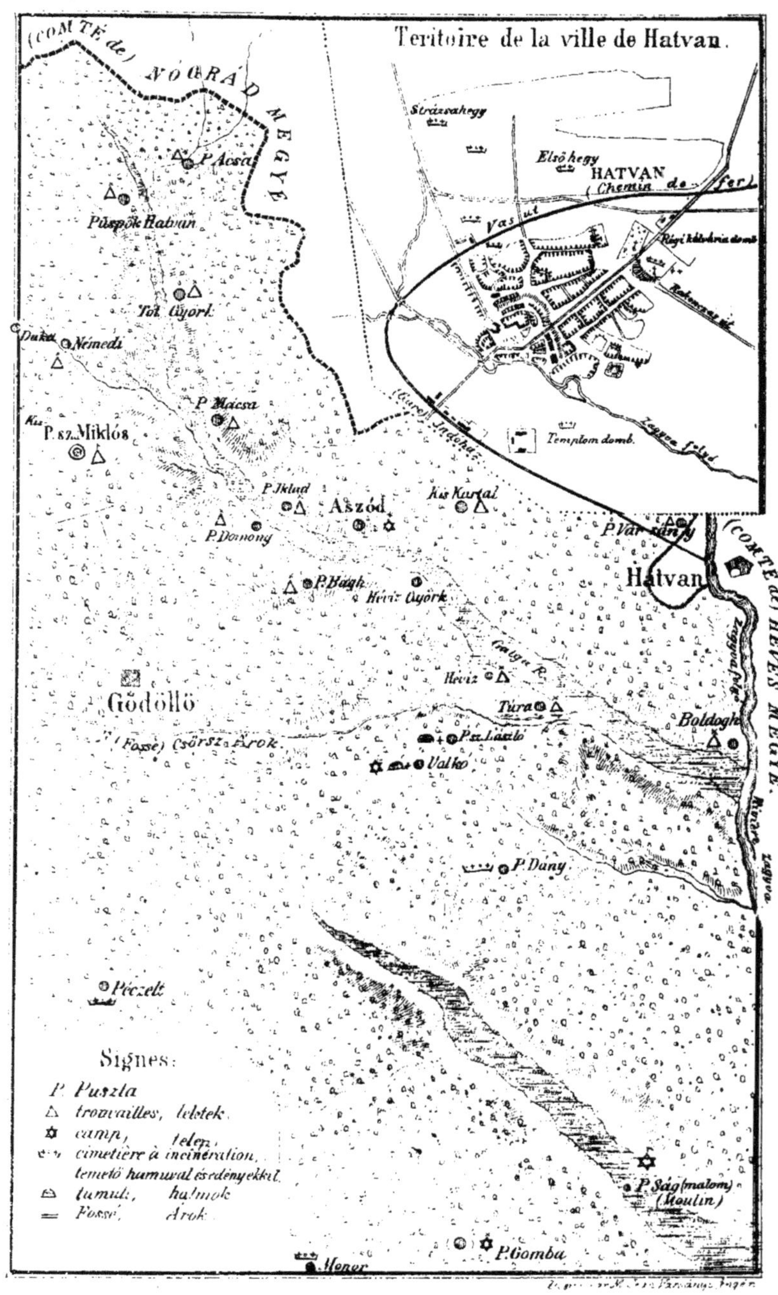
1. P.
(COMTÉ de) NÓGRÁD MEGYE
Teritoire de la ville de Hatvan.
Strázsahegy
Elsö hegy
HATVAN
(Chemin de fer)
Vasut
Régi kálvária domb
P. Acsa
Püspök Hatvan
Tot Győrk
Duka
Némedi
P. Macsa
Kis
P. sz. Miklós
P. Iklad
Aszód
Kis Kartal
P. Damong
P. Vár kony
Templom domb.
Zagyva folyó
P. Hügh
Heviz Győrk
(COMTÉ de) HEVES MEGYE.
Hatvan
Galga R.
Heviz
Tura
Gödöllö
Boldogh
(Fossé) Csörsz árok.
P. sz. Laszlo
Valko
Zagyva folyó
P. Dany
Peczel
Signes:
P. Puszta
trouvailles, leletek.
camp, telep.
cimetière à incinération.
temető hamuval és edényekkel.
tumuli, halmok.
Fossé, árok.
P. Ság (malom)
(Moulin)
P. Gomba
Honor

1

PUSZTA MONOSTOR,
Schossberger Zsigmond birtoka.

(Domaine de M. Sigism. Schossberger.)

Tumuli-   I   Halmok

út (Chemin.)

Monostori rét (prairie)

Monostori Patak (Ruisseau.)

II

Harmos Lajos birtoka.
(Domaine de M. Louis Harmos.)

Csörsz árok
(Fossé Csörsz.)

2

I

Harmincz hányás, a Vácz-St László határban.
Trente Tertres, dans la propriété de Vácz-Sz. László
(à la couronne.)

Csörsz   árok.

Harmincz hányás és St Pálhegy
Gödöllő korona uradalmi birtok

Fossé   Csörsz.

St Pál hegy, a Valkoi határban.
(. Mont St Paul, propriété Valkó (à la couronne.)
II

Gödöllői út
Route de Gödöllő

(Ravin)

Puszt

Ferencz patak

Forrasok
(Sources)

Ferencz Szarasi út
Passe de Ferenc

tombeau à inhumation.
Sirok vázokkal.

les rives élevées des fleuves et sur les plateaux. Ils ne contiennent quelquefois qu'une urne, souvent avec un ou plusieurs os carbonisés, ou rien que des cendres pures; ces urnes sont aussi maintefois couvertes avec des pots plus petits contenant des ustensiles en pierre ou en bronze.

Ces tertres, d'après mon avis, étaient, pour la plupart, les tombeaux des chefs et de leurs familles. Cela est constaté par le tumulus appelé *Csákhalom*, près de Tisza-Füred, sur la rive droite de la *Holt-Tisza*, lequel est détruit jusqu'au tiers, mais dont ce qui reste accuse encore l'ancienne magnificence. De là on a levé des boucles d'oreilles en or, des squelettes avec des épées de fer, &c. Un tertre semblable à celui-ci se trouve aussi à *Egyek*.

A *Tisza-Eörvény*, au sommet du tumulus qui aujourd'hui sert de cimetière, on a trouvé des squelettes de païens d'une époque bien reculée; aux pieds il n'y avait que quelques urnes remarquables. Tout près de là, sur une colline sablonneuse, on a découvert un casque en bronze; puis dans une urne, une croix de forme grecque; d'où M. le curé a conclu que les chrétiens ont conservé longtemps l'usage des sépultures païennes.

Aux environs de *Nagy-Iván* (Heves) il y a sept grands tumuli. Il est remarquable, dit M. le curé, que sur ce territoire on trouve des restes du fossé du diable, *ördög-árok* et que l'un des tumuli porte le nom de *ördög-táncz*, la danse du diable.

*

Il y a aussi plusieurs grands tertres autour de la ville de *Derecske* (Bihar); quelques-uns sont dispersés sans ordre, d'autres sont réunis en groupes de deux ou trois, quelquefois placés en ligne droite. On en distingue encore 24, la plupart intacts, au nombre desquels il y en a un qui s'appelle le *Lyukas-halom*, c'est-à-dire *troué*, probablement parce qu'il a déjà été fouillé; un autre, *Égetö-halom*, à combustion; *Kettös-halom*, double; *Sátor-halma*, du pavillon; *Kö-domb*, le tertre de pierres.

*

La situatiou de semblables tumuli nous est offerte par les plan ci joint, qui contient les 31 tertres entourant la ville de *Hajdu-Szoboszló* an milien de laquelle sont situés les tumuli 19 et 20. (fig. 85)

*

Le *Telek-halom*. Sur le territoire de *Kún-Sz.-Márton* (comitat de Jász-Kún-Szolnok) entre les grands tumuli, il y en a un sur lequel se trouvait autrefois une église, comme le prouvent les restes des fondements que l'on a découverts; mais comme, en même temps, on y a observé les restes d'une circonvallation, il est possible que ces restes proviennent d'un camp de païens, si nous ne voulons pas admettre que le fossé et les remparts formaient la ceinture du cimetière qui entourait l'église au moyen-âge. (Voir : *Jk.* XXXIX, 149.)

*

Nous devons encore faire mention ici de quelques communications qui nous ont été adressées.

M. ANTOINE RUTTNER, conservateur des forêts de la couronne nous a fait part des fouilles faites dans trois tertres situés à l'est de *Szerednye* (Ungh). Ces tertres forment un triangle dont chaque côté mesure de 40 à 70 pas; leur périphérie est de 60-75 pas.

Ces tumuli avaient déjà été fouillés, et les trouvailles consistant pour la plupart en tessons, ont été dispersées. Le 10 août 1876, à la profondeur de 0·08 m. à 0·12 m., on a trouvé des cendres et des charbons, des têts grossiers, couleur rouge, des *couteaux d'obsidienne*, et un fragment en bronze. (1. 907.)

*

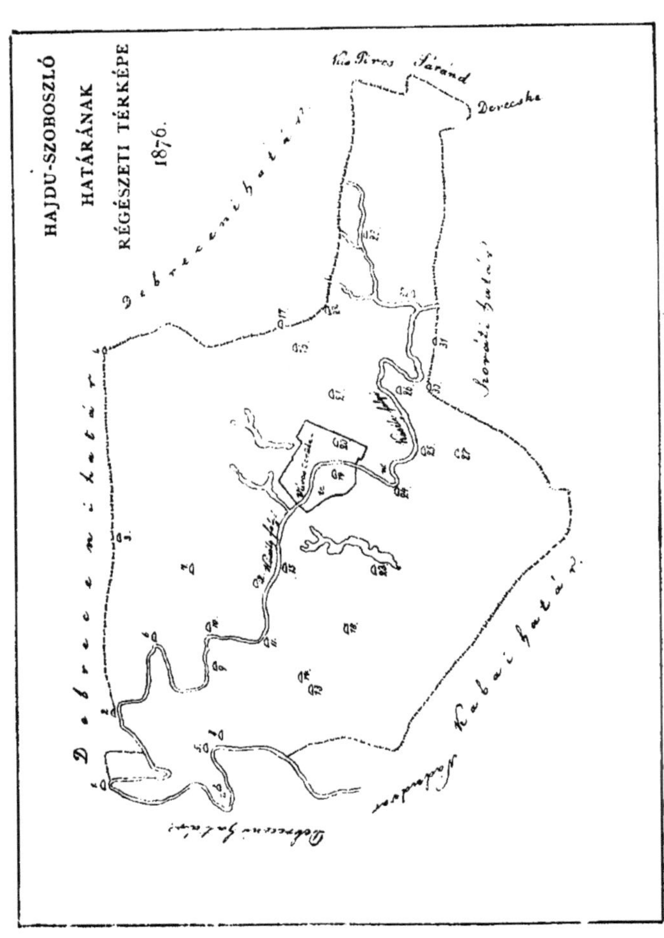

HAJDU-SZOBOSZLÓ
HATÁRÁNAK
RÉGÉSZETI TÉRKÉPE
1876.
Kis-Piros
Sárand
Derecske
Debreceni határ
Szovati határ
Debreceni határ
Kabai határ
Nádudvar
Debreceni határ

Fig. 85.

Enfin nous avons encore les tumuli situés sur le territoire de *Pola* (Zala). M. SZALACSY FARKAS nous a fait savoir que sur la propriété de M. EMILE SCHMIDT, il y a 26 tertres qui contiennent des objets romains, comme : des verres avec des lignes en relief, rétiformes, des fibules, une moitié de monnaie romaine, des tessons et *3 clous en fer.* (v. fig. 76) Ces objets sont à présent la propriété de M. SZALACSY, qui demeure à la puszta *Vente,* près de *Nagy-Kanizsa.* Dans cette puszta on trouve aussi les traces d'une colonie de l'époque de la pierre, où l'on fera prochainement des explorations. (*Relation orale* du M. SZALACSY.)

*

Liste des tumuli selon les comitats dans l'ordre alphabétique.

COMTÉ D'ABAUJ.

Szent-István-Baksa. Jk., XXVII, p. 50, 70, 71; Hon, 1869, n° 48 et 59, Esti kiadás; A.É., I, 146, 225, 306; II, 60.

Czécze. A.É., I, 146.

Felső-Dobsza. A.É., I, 146; II, 94; la lettre de M. Fr. Szilágyi, n° 495.

COMTÉ D'ARAD.

Aux environs de la ville d'*Arad.* Jk., XXX, p. 71, 142.

Glogovácz. 5 tumuli. Jk., XXV, p. 158, 159; Rupp : Magyarország helyrajzi története, III, 60.

Székudvar, la lettre de M. Wilim, n° 51.

COMTÉ D'ARANYOS-TORDA.

Polyán, Majordomb. Orbán B., V, p. 151.

COMTÉ D'ÁRVA.

Sur la carte de Mr. N. Kubinyi, sont consignés 52 tumuli dispersés dans le comitat.

Nizsnya, 2 tertres, l. n° 731.

COMTÉ DE BÁCS.

Dans la forêt d'*Apatin*, 40-50 tumuli. Jk., XX, p. 109.

Vaskút, en deux groupes, 11 grands tumuli. Jk., XXIV, p. 123, 146, 155; Hon, 1868, 25. Jul. décrits par M. le professeur Czirfusz.

LE GÉNÉRALAT DES BANS.

Belovácz. Uj m. muzeum 1853, 434.

COMTÉ DE BARS.

N.-Salló. Sur la carte.

N.-Mánya. Ibid.

COMTÉ DE BÉKÉS.

Dans la forêt de la ville de *Békés*. Lettre de M. Jean Wilim, nᵒ 51.

Mezőberény. Ibid.

Sur le territoire de la ville de *Szarvas.* Lettre de M. Wilim, nᵒ 51.

Gyula. Ibid., et sur la carte de la ville.

Puszta-Kigyós. Ibid.

Kétegyháza, plusieurs tumuli. *Ibid.*

Póhalom. Ibid.

Póstelek, dans la forêt, *Tere-halom. Ibid.*, et dans la lettre de M. le comte Charles Wenkheim, nᵒ 73.

COMTÉ DE BEREG.

Selon la carte du Comitat, il y a des tumuli à :

Dombok.

Frigyesfalva.

Ignicz.

Kis-Lohó.

Klacsanó. A.É., I, 47.

Mohilka, dans la langue des Ruthènes ; les Russes appellent, comme on le sait, les tumuli *Mogili.*

Munkács.

Muzsaj.

Nagy-Ábránka.

Nagy-Gut.

Pálfalva.

Patkányvágás.

Zornina.

COMTÉ DE BIHAR.

Derecske, 24 tumuli ; lettre de M. Jean Leitgeb, nᵒ 732.

Ér-Adony, consign. de M. Louis de Gyalókay, nᵒ 806.

Esztár. Ibid.

Rábé. Ibid.

COMTÉ DE BORSOD.

Alsó-Ábrány, l. de M. Kandra, nᵒ 525 a.

Domaháza. A.É., IV, 117.

Dorogma, l. de M. Kandra, 525 a.

Eger-Lövő. Ibid.

Ivánka. Sur la carte ; l. nᵒ 525 a.

Mező-Csáth. Ibid.

Mohi (Bélahalma). Voir la carte.

Novaj, près de la route de *Mező-Kövesd*, à Kis-Tálya ; sur la carte, l. nᵒ 525 a.

Sály. Voir A.É.

Szent-István. Ibid.

Szihalom. Ibid.

Vatta. Ibid.

COMTÉ DE CSANÁD.

Királyhegyes,* lettre de M. Wilim, nᵒ 51.

COMTÉ DE CSONGRÁD.

Hód-Mező-Vásárhely. Voir la carte du comitat.

Mindszent. Ibid.

Szegvár, 4 tumuli, dont l'un est appelé Kis-Szegvàr ; l'autre Nagy-Tüzköves ; c'est-à-dire, petit tumulus à silex, et grand tumulus à silex taillé. Voir la carte, et dans les lettres de M. B. Szivós, nᵒ 149, 157, et dans

* A *Győr-Csanák*, et près d'O-Szöny, il y a des tumuli, desquels on dit que les rois y ont tenu des lits de justice, et consulté les employés du comitat.

la lettre de M. Alex. Bécsi,
n° 234.

Szentes, sur le territoire de la ville
Fertőhalom, v. carte de la ville.

Sur la puszta *Kaján*, près de
Szentes, 2 tumuli. Voir la carte
et la lettre de M. Szivós, n° 157.

Sur la puszta *Töke*, 4 tumuli. *Ibid.*,
et n° 132, 788.

Oroszlámos, lettre de M. le vicaire Jos. Ambrus, n° 268.

COMTÉ D'ALSÓ-FEJÉR.

Istvánháza, plusieurs tumuli. Voir
Orbán B. Székelyföld, V, 57.

COMTÉ DE FEJÉR.

Alsó-Szent-Iván. 80 tumuli. Voir
l. de M. Louis Höke, n° 115;
A.É., IV, 161, on parle de plusieurs centaines de tumuli.

Entre *Baracska* et *Rácz-Sz.-Péter*,
M. Nagy Géza.

Bodajk. A.K., II, p. 290.

Czikola, 80 tumuli; l. de M. Höke,
n° 115.

Csurgó, dans la forêt nommée
Eresztvény. Voir Magy. Akad.
Ért., 1857, p. 159; l. 16, 89.

Érd, les Százhalom, 120 tumuli.
Voir Akad. Ért., 1847, IX, 282;
A.É., III, 145 et X, 256; l. 957.

Pátka. Voir la carte 150.

COMTÉ DE GYŐR.

Entre *Árpás* et *Ponyvád*. Voir
Monum.

Entre *Csikvánd* et *Gyarmat*, 2
tumuli. Jk., I, 51.

Entre *Győr* et *Csanak*, Király-
hegy.

Entre *Tarján*, près de la source
du roi Béla. Jk., VI, 61, 134;
sous les pierres on trouve des
cendres.

COMTÉ DE HAJDU.

Egyeg. Carte de M. Tariczky.

Hajdu-Böszörmény. Voir la lettre
de M. Szivós, n° 245.

Hajdu-Szoboszló. *Ibid.*

COMTÉ DE HÁROMSZÉK.

Kilyén, Törökdomb. Voir Orbán
B. Székelyföld, III, 37.

Entre *Zabola* et *Tamásfalva*, Ta-
tárhalom. *Ibid.*, p. 145.

COMTÉ DE HEVES.

Baj (Puszta). Voir la lettre de
Belánszky Demko, n° 583.

Kocs, la carte de M. Tariczky.

Hatvan. *Ibid.*

Nagy-Iván, 7 tumuli. Voir la
carte.

Szent-György. *Ibid.*

Szent-Imre. *Ibid.*

Tisza-Örvény. Voir la carte dans
l'Atlas de M. Görög, et la carte
et le communiqué de M. le curé
Tariczky.

Tisza-Füred, 143 tumuli. Voir la
lettre de M. Tariczky, n° 867.,
et la carte; A.-É., III, 165.

Tisza-Örs. Voir la carte, 9 tumuli.

Tisza-Szöllős. *Ibid.*

Tisza-Igar. *Ibid.*

COMTÉ DE HONT.

Entre *Baráti* et *Bernecze*. Voir
lettre de M. Höke, n° 145.

COMTÉ DE JÁSZ-KUN-SZOLNOK.

Csépa. Voir la carte ; il y en a dans ce comitat plusieurs à Istvánháza, en outre à Örvény-halom, Barta-halom, Egyes-halom, Eperjes-halom, Földvári-halom, Gaza-, Kettes-, Zsidó-, Kenyérváró- &c. halmok.

Kun-Szent-Márton, Telekhalom, et à Szelevény.

COMTÉ DE KOMÁROM.

Bálvány-Szakálos. A.K., I, p. 47.
Kömlöd. Voir Fényes Elek, Ko-márommegye leirása, p. 155.
Naszvad. A.É., VII, 247.

COMTÉ DE MOSON.

Pomogy. Rómer.

COMTÉ DE NÓGRÁD.

Dolány, 2 tumuli, lettre de M. Pintér, n° 18.
Kis-Hártyán, la cart. d. Szécsény.
Szécsény. Ibid.
Szalma-Tercs, l. de M. Et. Pajor, n° 1113.

COMTÉ DE NYITRA.

Koós, lettre de M. le chanoine Drahotuszky, n° 155.

COMTÉ DE PEST.

Alpár, la carte de Tiszazúg.
Bag, 21 tumuli, en deux cercles, le plus grand isolé ; dessin de M. l'ingénieur Jean Varsányi. Jk., XIII, 170.
Iszaszegh, Tatárhányás ; notice de M. Varsányi.
Izsák. A.K., II, p. 288.

Tete, lettre de M. Dobozy, n° 122.
Tinnye, lettre de M. Géza Vásár-helyi, n° 128.
Ujfalu, la carte de Tiszazúg.
Valkó, l. de M. Béla Huber, n° 25.

COMTÉ DE POZSONY.

Bös. A.K., I, p. 54.
Entre *Csötörtök* et *Misérd*, 6 tumuli. *Ibid.*, p. 70.
Doborgaz, plusieurs. *Ibid.*, p. 72.
Nagy-Paka. *Ibid.*, 121.
Patas. *Ibid.*, 122.

COMTÉ DE SOMOGY.

Aux environs de *Czifraház*, près de Böhönye, 50 tumuli. Jk., XXXIX, 197.
Füred, près de Kaposvár, l. de M. Hencz, n° 787.
Desida, près de Kaposvár, 70-80 tumuli. A.K., II, p. 294.
Szalacska, tumuli. Voir le plan. Jk., XXXIX, p. 1.
Zamárdi, Dijászó. Jk., XXXVIII, p. 165.

COMTE DE SOPRON.

Voir la carte du comitat.
Büdöskút.
Fertő-Sz.-Miklós.
Hövej. Jk., X, p. 172.
Iván.
Lócs, lettre de M. Paúr, n° 53.
Somfalva.

COMTÉ DE SZABOLCS.

Buly. Voir la carte du comitat.
Gáva.
Geszteréd, A.É., I, 49.
Gyulaháza.

Hugyaj.
Kis-Kálló et Nagy-Kálló.
Kis-Várda. A.É., III, 21.
Micske. A.É., I, 183.
Nagyfalu.
Nagy-Halász.
Nyir-Bátor.
Oros.
Mária-Pócs.
Szabolcs.
Téglás.
Tótfalu.

COMTÉ DE SZEBEN.

Fenyőfalva (Girelsau), plus de 40.
A.K., II, 245.

COMTÉ DE SZEPES.

Hunfalva, Windisch, Ungar. Magazin, II, 60.

COMTÉ DE SZERÉM.

Cserevitz. Jk., XXI, p. 46.

COMTÉ DE SZILÁGY.

Voir la carte du comitat.
Bogdán.
Ér-Girolt.
Ér-Mindszent.
Ér-Szent-Király.
Ete.
Hadad.
Kövesd.
Menyő.
Nagyfalu, notice de M. Ch. Szat-
Pér.   [máry.
Szeér.
Szina.
Szilágy-Somlyó. Voir la notice de
M. Ch. Szatmáry, n° 96.
Tasnád-Szántó.

COMTÉ DE TEMES.

Dispersés à côté des remparts,
l. de M. P. Jagonits, n° 10.

COMTÉ DE TOLNA.

Böltske, l. de M. Höke, n° 418.

COMTÉ DE TORONTÁL.

Klárafalva, l. de M. le vicaire J.
Ambrus, n° 136.

COMTÉ DE TURÓCZ.

Priekopa, l. de M. le B. François
Révay, n° 1073.

COMTÉ D'UDVARHELYSZÉK.

Entre Bardócz et Bibarczfalva, 9
tumuli. Voir Orbán B. Székelyföld, I, 222; A.É., I, 39, 312;
Wester, l. n° 484a.

COMTÉ D'UNG.

Andrasócz. Voir la carte.
Csertész, Voir l. de M. le direc-
teur Sieber, n° 669.
Pinkócz, Voir l. de M. le dr Cor-
nel Chyzer, n° 21.
Szerednye, l. de M. Sieber, n° 669.

COMTÉ DE VAS.

Borostyánkő, carte du comitat.
Böd.
Bögöt.
Csém.
Csénye.
Egyházas-Hollós.
Farkasfa.
Gerse.
Gyimótfalva.
Hódász.
Izsákfa.

Jaák.

Katafa. A.É., I, 137.

Kéthely.

Királyfalva, 20-30 tumuli, l. de M. Hencz, n° 104b.

Lödös.

Lipótfalva. Jk., VIII, 39.

Alsó és Felsö-Mesteri.

Magyar-Keresztes.

Molna-Szecsöd.

Nádasd.

Nagy-Kölked.

Nagy-Sitke.

Oszkó.

Német-Csiklin.

Alsó- és Felsö-Ör.

Pinkafö.

Porpácz.

Rába.

Rába-Füzes.

Raks.

Száraz-Szék.

Alsó-Szénégetö.

Szönösei.

Tarcsa.

Ujfalu.

Vasvár.

Váth.

Vép.

Vörösvár.

COMTÉ DE VESZPRÉM.

Ajka-Rendek. Jk., VI, 61.

Bakonybél, l. de M. l'abbé de Sárkány, n° 603.

Bakony - Sz. - Tamás (Hathalom, six collines). *Ibid.*, 60.

Bánta, Ibid., 12.

Csögle, 7 tumuli. *Ibid.*, 61.

Doba, 2 tumuli, vers *Szöllös.* Jk.,

I, 124; IV, 47, et l. de M. de Hencz 104b.

Esztergár, à Bocskorhegy. Jk., VI, 61.

Fajsz. Jk., I, 111, 117.

Entre *Ganna* et *Polány.* Jk., VI, 61.

Entre *Hajmáskér* et *Kádárta. Ibid.*

Gyepes, 6 grands tumuli (Pogány-lakás). *Ibid.*

Jenö, 4 tumuli. Jk., I, 58.

Marczaltö. Jk., IV, 35.

Pénzeskút, 6 tumuli. Jk., VI, 61.

Szilas-Balhás, 7 tumuli. Jk., XXXVIII, 207.

Dans la forêt de *Szücs*, Százhalom, l. de M. le curé Etienne Miháldy, n° 113; Jk., XXXVIII, 151.

Vanyola (Törökhalom). Jk., VI, 61.

Somlyó - Vásárhely, 13 tumuli. Jk., I, 58.

COMTÉ DE ZALA.

Alsó-Guláics. Jk., III, 50.

Alsó-Lendva, 30 tumuli. A.K., II, 277.

Alsó-Rajk. Jk., III, 63.

Békeháza. Jk., III, 64.

Entre *Keszthely* et *Sz.-Miklós.* Jk., I, 87.

Kövágó-Örs. Jk., III, 17.

Lövö. A.K., II, 260.

Tátika. Jk., I, 88, 91. Voir le dessin de M. Hencz, l. n° 104b et 407.

Tihany à côté d'Óvár.

Zánka. Jk., III, 33.

V.

LES CIMETIÈRES.

Le culte des morts a existé de tout temps chez tous les peuples. C'est pour garder auprès d'eux les dépouilles de ceux qu'ils avaient aimés que les survivants les couvraient de pierres et de grandes masses de terre qui devaient les protéger contre les atteintes des animaux, et contre la profanation des hommes. Les grands tertres, qui ont été formés de cette manière attestent que tout un peuple a dû prendre part à la construction de ces tumuli, ou qu'on a dû travailler pendant des siècles pour achever tous ces monuments qui jusqu'à nos jours n'ont subi que très-peu de changement.

En effet la plupart de ces tumuli sont restés intacts pendant des siècles, et ce sont ceux-là qui sont devenus, de la part de savants spécialistes, l'objet de fouilles bien intéressantes pour la science.

Les grands tumuli, dont l'exploitation nécessite de notables dépenses, sont rares, mais il y en a une quanrité d'autres, même chez nous, qui, à cause de leur grand nombre et de leur rapprochement les uns des autres, portent parmi le peuple le nom de cent collines.

Originairement c'est dans les grandes forêts qu'ils existaient; puis lorsque, plus tard, celles-ci ont été abattues et extirpées, que les terres ont été livrées à l'agriculture, une grande partie des tumuli ont été détruits, les sépultures ont été bouleversées par le soc de la charrue, des débris innombrables de poteries ont été jetés de côté; seuls, les objets en bronze et en autres métaux que le paysan avait remarqués et recueillis, sont restés pour fournir quelques renseignements sur ces anciens monuments et sur leur contenu.

La même chose s'est passée là où les cultivateurs ont labouré un cimetière à squelettes; et à l'ordinaire ce n'est que par un heureux hasard que des hommes instruits ont eu quelque connaissance de ces découvertes.

C'est pourquoi nous avons des renseignements assez abondants sur les fouilles opérées dans les tumuli, tandis que nous n'en avons que très-peu sur les cimetières; aussi serons-nous très-obligé à toutes les personnes qui voudront bien nous faire part de leurs découvertes sur ce sujet.

Beaucoup ne voient pas encore la nécessité de donner des descriptions exactes des fouilles faites sur un territoire quelconque et n'y attachent pas une assez grande importance. Le peu d'objets qui se trouvent à l'ordinaire dans les sépultures des pauvres, l'uniformité ennuyante du travail et l'exactitude que demandent de tels déterrements font que ceux qui s'en occupent ne notent pas assez scrupuleusement leurs observations, qu'ils se dépêchent seulement pour obtenir quelques fibules, quelques perles ou des bracelets, mais ne prennent pas la peine de mesurer les corps et repoussent les crânes ou les écrasent comme des objets entièrement inutiles.

C'est de cette manière qu'on a agi pendant longtemps, et c'est pour cela que nos notices sur les cimetières sont si rares, si sèches et qu'elles font rarement mention de plusieurs tombeaux d'un même champ.

Mais quelque défectueuses que soient ces notices nous en communiquons ici quelques-unes qui proviennent de fouilles faites avant le Congrès, et nous en ajouterons d'autres sur les fouilles pratiquées à l'occasion du Congrès-même.

*

A *Anarcs* (comitat de Szabolcs) dans la propriété de M. Emeric de Czobel, entre *Ujak* et *Kisvárda*, on a trouvé à différentes reprises des pots de la forme de nos cruches à lait, et des ouvriers occupés à construire une digue dans un marais, en ont aussi rapporté quelques ossements. Quand je suis arrivé avec M. le docteur *Jósa* à Anarcs le 12. avril 1870, j'ai trouvé déjà découverte, toute une rangée de squelettes couchés tous de l'ouest à l'est, chacun dans la position d'un homme qui dort, les mains sous la tête et les jambes repliées sur elles-mêmes. Des poteries étaient à côté des têtes ou aux pieds. (Voir *la description, avec la planche. Arch. Értesitö,* III, 220.)

*

Hugyaj (ville et station dans le comitat de Szabolcs). Le 4. avril 1870, je me suis rendu dans cette ville pour répondre à l'invitation de M. le baron Joseph de Vécsey, d'assister à l'exploration d'un cimetière sous un monticule sablonneux, à l'angle des routes de *Nagy-Kálló*, de *Hugyaj* et de *Uj-Fehértó*.

Les squelettes regardaient l'orient et formaient cinq rangées à des distances égales; la plupart des ossements étaient réduits en poussière, mais le sol avait conservé des traces noires qui indiquaient encore la place des os.

Le cimetière n'a que quelques mètres d'étendue. Sur ce terrain nous avons trouvé 22 squelettes, sans faire d'autre trouvaille. (*La description, avec un dessin,* v. dans l'*Arch. Értesitö,* III, 176.)

*

Dans le comitat de Pest-Pilis-Solt et Kún, il y a un cimetière remarquable. Près de Baja, est situé sur la rive gauche d'un bras du Danube, *Szeremle*, dans une contrée

presque toujours inondée, ou seulement quelques parties
plus élevées forment des iles habitables.

En 1863, un paysan, JEAN BALOGH a apporté au
ministre réformé M. JOSEPH ADAM, un bracelet en verre
de couleur, trouvé dans la cour de son habitation nᵒ 190,
où l'on a découvert depuis cette époque plusieurs urnes,
des squelettes, des pierres à moudre, des bronzes, &c.
Les squelettes étaient tournés de l'ouest à l'est; mais
après un grand incendie qui a consumé la plus grande
partie de ce village, les habitants ayant besoin de terre
pour faire du mortier, ont trouvé presque partout dans
leurs jardins des poteries remarquables, tant par leur
forme, que par leurs ornements en pointillage, qui
étaient remplis d'une matière blanche que je n'avais
encore rencontrée que dans les urnes trouvées en Pannonie
auxquelles j'ai donné le nom de poteries pannoniennes
et qui diffèrent entièrement des vases romains.

Les plus beaux de ces vases sont au musée de *Kis-
Kún-Halas*. Je n'ai pu en obtenir que quelques-uns,
quoiqu'on en ait recueilli jusqu'à 15 à la même place, à
côté des squelettes qui étaient repliés sur eux-mêmes,
comme s'ils eussent été assis; le fond de la sépulture
était d'argile cuite à rouge.

Je joins ici quelques spécimens de ces vases de forme
(fig. 86—97) spéciale. J'ai trouvé les pareils dans le comitat
de Tolna (Voir: RÓMER, *Illustrirter Führer in der Münz-
und Alterthums-Abtheilung des ung. National-Museums.*
Budapest 1873, p. 23; et le *Catalogue de l'exposition préhistorique à Budapest*, 1876, p. 96, fig. 64) et à *Nagy-Lél*
(Komárom). Leur élégance, la singularité de leurs côtés
étroits et de leurs ornements de cordons pointillés, rappellent les vases en forme de saucières à bec d'oiseau, &c.
(Voir : *Jk.* XXIV, p. 140.)

*

Fig. 86.

Fig. 87.

Fig. 88.

Fig. 89.

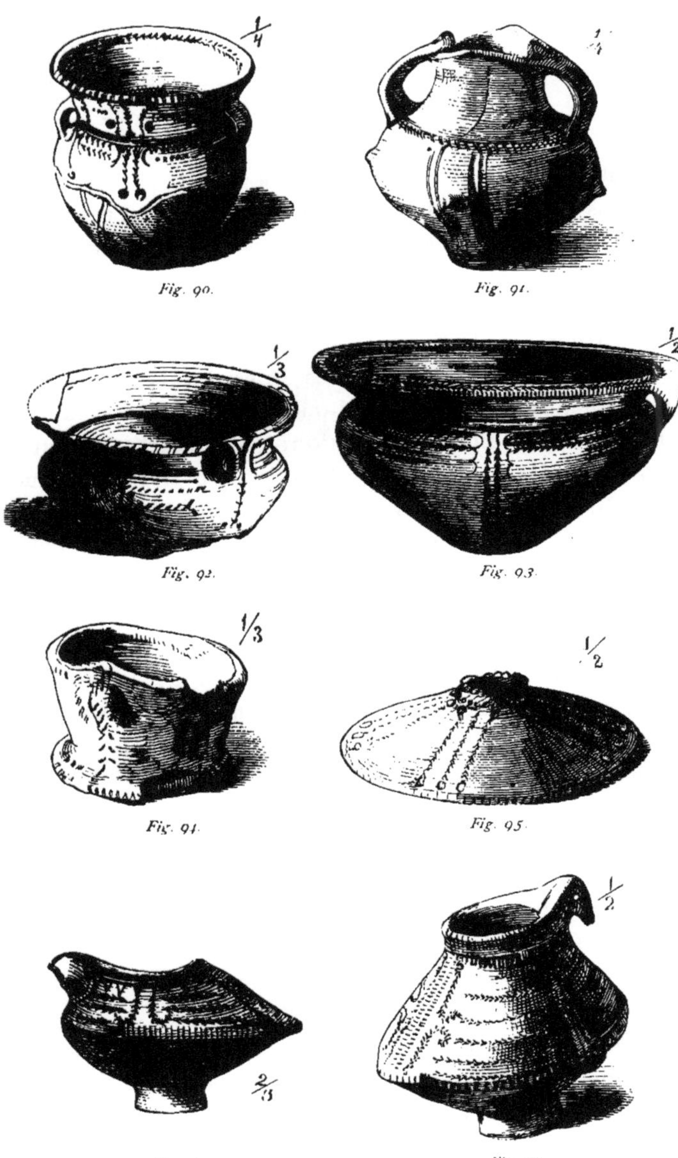

Fig. 90.

Fig. 91.

Fig. 92.

Fig. 93.

Fig. 94.

Fig. 95.

Fig. 96.

Fig. 97.

A *Valkó* près de *Gödöllö* (même comitat de Pest) M. Béla Huber, conservateur des forêts royales en faisant décombrer les fossés du chemin au pied de la montagne *St.-Paul,* a trouvé une quantité de tessons, indices certains d'un ancien cimetière. A l'appel du zélé archéologue, je suis allé le 28. novembre 1872 à Valkó, où nous avons trouvé plusieurs squelettes. Le premier, couché de l'est-est-sud à l'ouest-ouest-nord avait 1·28 m. de longueur. Au sud du chemin il y avait un crâne dont le corps avait disparu probablement lorsqu'on a travaillé à l'escarpement du fossé. Sous la route même, nous avons déterré deux autres squelettes dont l'un gisait dans la direction du sud-est au nord-ouest et n'était accompagné d'aucun objet digne d'attention; tout auprès de lui se trouvait le second dans la direction du nord-nord-ouest au sud-sud-est. Il avait cela de remarquable que la mâchoire inférieure formait un angle droit avec le palais, et comme le squelette était enseveli dans le sol libre, l'espace entre les mâchoires était rempli de terre, ce qui donnait à cette tête un aspect horrible.

Ce qui a donné un grand intérét à la levée de ce squelette, ce sont les objets qui ont été trouvés à côté de lui. Outre des poteries très-primitives, nous en avons recueilli d'autres plus fines provenant sans doute du commerce établi avec les Romains des pays voisins; à droite, il y avait un bracelet en bronze, et 11 perles de verre, bleues, polies à facettes; à gauche gisaient une partie de bracelet en bronze et 10 perles semblables aux précédentes; en outre, près de l'épaule droite, étaient plusieurs perles d'ambre jaune, en forme de rondelles, et ayant probablement fait partie d'un collier.

On ne peut mettre en doute que ces sépultures ne remontent à l'époque des Romains; les fibules et tous les autres objets qui y ont été trouvés le démontrent clairement. Il est à regretter que l'excursion entreprise par les membres du Congrès pour visiter ces cimetières ait été rendue presque inutile, par l'excessive chaleur qui avait durci le sol au point que les résultats obtenus ont été abîmés. Les quelques perles de différentes couleurs (fig. 98) une petite hache en craie (fig. 99) tout gr. nat. et les ossements brisés que nous avons recueillis montrent que l'exploration mériterait d'être continuée dans des circonstances plus favorables.

La ville *d'Aszód*, (aussi comitat de Pest) et ses cimetières ont obtenu une réputation archéologique par les heureuses fouilles de M. JEAN VARSÁNYI, ingénieur du comitat, qui pendant son séjour dans cette ville a exploité le terrain qui formait les bords d'un ancien lac, ét sur lequel est bâtie à présent une fabrique de sucre.

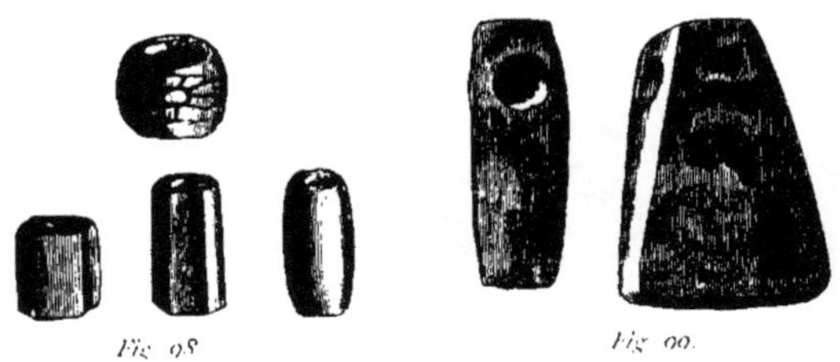

Fig. 98.   Fig. 99.

M. VARSÁNYI qui, avec feu FRANÇOIS KUBINYI l'aîné dont il était l'associé inséparable, peut être regardé comme le père de notre archéologie préhistorique, est le Nestor de l'archéologie romaine, à cause de ses découvertes à Sabaria; il est aussi un des premiers qui ont recueilli les objets préhistoriques. Il a exactement dessiné toutes les trouvailles qu'il a faites, et les a cédées au musée national, où sa collection, exposée séparément, mérite d'attirer toute l'attention des savants.

Nous ne joignons ici que quelques spécimens des gravures sur bois qui étaient destinées à une publication sur les trouvailles faites à Aszód; ils suffiront pour donner une idée du caractère des cimetières, qu'un homme

Fig. 100.   Fig. 101.

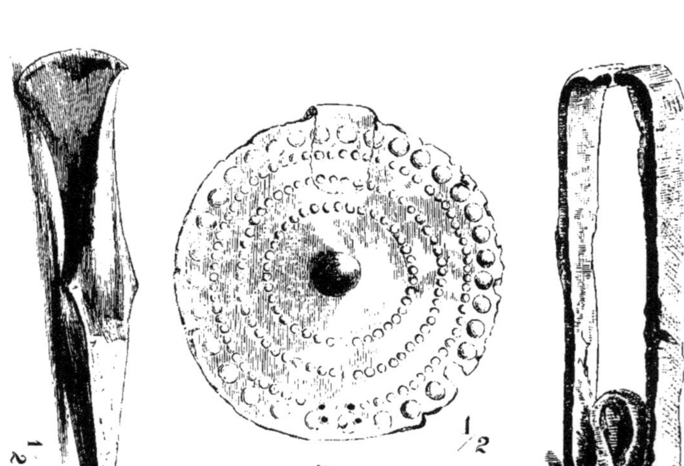

Fig. 102.   Fig. 103.   Fig. 104.

Fig. 105.   Fig. 106.   Fig. 107.

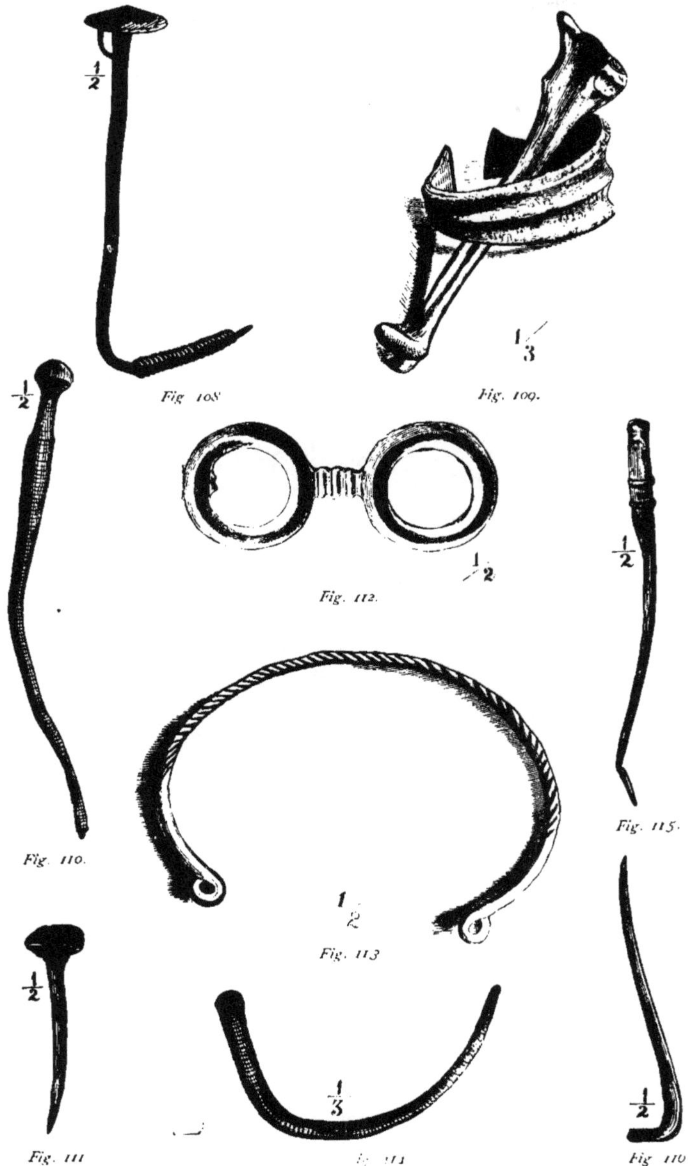

Fig. 108

Fig. 109

Fig. 112

Fig. 110

Fig. 115

Fig. 113

Fig. 111

Fig. 114

Fig. 116

de talent animé du zèle patriotique a rendus célébres, en nous conservant cette belle collection.

Pour faire connaître la vallée du *Galga* et ses environs intéressants, nous joignons ici la carte sur laquelle se trouvent les cimetières de la ville de *Hatvan*, aussi visités par les membres du Congrès à leur première excursion.

Autour de cette ville, située dans le comitat de Heves, nous trouvons six cimetières à urnes. (Voir *la Planche* I.)

Fig. 117.

L'exploration de ces endroits extrèmement intéressants est due à un pharmacien de Hatvan, M. J. Sperlágh, qui a offert gratuitement au Musée National sa grande collection de bronzes et de poteries. C'est lui qui a préparé, près de cette ville, les fouilles, auxquelles les membres du Congrès ont assisté.

Pour donner une idée de ces urnes trouvées par nichées, en voici une que nous avons esquissée pendant les fouilles de M. le professeur Virchow. (Voir mon IXe *livre des voyages* MS., p. 9; et *Gödöllö és vidéke történelmi és régészeti muzeum-egyletének első évi jelentése*, p. 55. Premier Rapport de la société du musée de l'histoire et d'archéologie de Gödöllő et ses environs.)

*

Une sépulture voisine de *Szentes* (comitat de Csongrád), nous a été signalée par M. Szivós, qui nous écrit (1. 132), que dans la vigne, un des vignerons, en travaillant le terrain où l'on avait déjà trouvé une quantité de silex taillés, a découvert 15 tombeaux à une profondeur de quelques centimètres seulement au-dessous du sol. Les squelettes placés de l'est à l'ouest étaient presque tous tombés en pourriture; sous les ossements il y avait des charbons; des tuiles se trouvaient à leurs côtés, et d'autres réduites toutes en poussière les recouvraient; des pots remplis de terre étaient à leurs pieds.

Avec des poteries en forme de terrine, on a trouvé des objets en bronze, comme des petites cuillères, des bracelets, des boucles, des clous et de grosses perles en chalcédoine; puis encore d'autres bijoux, des perles de diverses couleurs, &c.; enfin des poteries connues sous le nom de *pannoniens*, à fond brun-foncé, ornées de deux lignes circulaires, et d'autres lignes croisées formant filet. Les ornements de ces poteries étaient d'une matière blanche, comme l'étaient ceux des poteries de *Szeremle* et du comitat de *Tolna*. v. p. 164. 165.

La petite île voisine nommée *Ste.-Hélène* n'est pas moins remarquable. Sur ses bords on trouve une quantité de tessons. Dans une sépulture, à un endroit où le terrain est bas, il a trouvé un squelette entouré de coquilles; sur les points plus élevés, les squelettes étaient dans la position d'un homme assis.

*

Voyons le cimetière de l'époque du fer à *Sobor* (comitat de Sopron). Vers l'angle sud-ouest que forment les limites du comitat, près du village de *Sobor*, situé sur la rive

I
CIMETIÈRE DE SOBOR,
COMTÉ DE SOPRON,
dessinè par Mr. le curè
ÉTIENNE MIHÁLDY
1875.

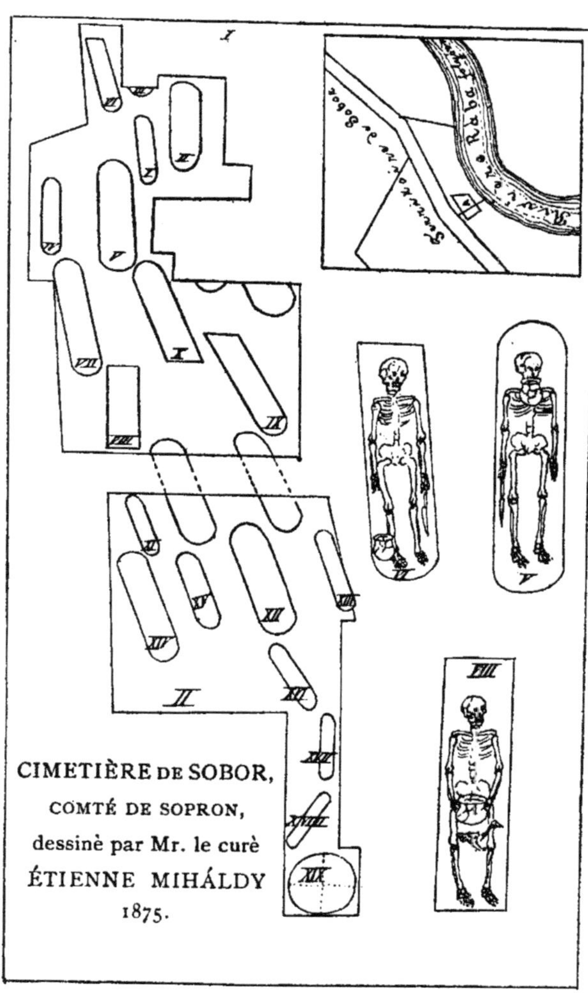

Fig. 118.

gauche du très-lent et marécageux Rába, non loin de sa jonction avec le Marczal. MM. MIHÁLDY, curé de Bakony-Sz.-László, et son beau-frère, CHARLES FRIEDRICH, employé de l'abbaye des Bénédictins à Bakonybél, en remontant le courant, en barque, pour se rendre à *Árpás*, propriété de la même abbaye, ont remarqué sur les parois du bord, des ossements humains et une quantité de tessons à 1·95 m. au-dessous du niveau du sol.

Comme cet endroit avait attiré leur attention, ils ont demandé à l'administration du domaine la permission d'y faire des fouilles. Cette permission leur ayant été accordée, ils s'y sont rendus avec des ouvriers le 28 mai 1875 et ont commencé leurs travaux sur une bande étroite de terre, destinée à servir de digue.

Quoique, ce jour-là, la pluie les ait arrêtés dans leurs recherches, cela n'a pas empêché M. le curé de dessiner le plan du terrain, avec les tombeaux et les objets qu'ils renfermaient, et même de mesurer chacune de ces choses avec le plus grand soin.

Je donne ici la description et les dessins envoyés par M. MIHÁLDY dans sa lettre n° $\frac{310}{100}$. (fig 118)

Après avoir remué à plusieurs mètres carrés le sol argileux, jaune-clair, nous avons rencontré des tombeaux qui avaient la forme d'une boîte à violon, et qui étaient de couleur noirâtre, ce qui venait probablement de la couche de terre qui était immédiatement au-dessus d'eux. Dans le:

N° I. (Longueur 1·15 m., largeur 0·40 m.) Le squelette était entièrement pourri; à côté du pied gauche il y avait un petit pot. (Hauteur 0·09 m., diamètre de l'orifice 0·08 m., de la base 0·06 m.)

N° II. (Longueur 2 m., largeur 0·80 m.) Comme l'eau qui pénétrait par le fond avait rempli la fosse, il a été impossible de bien voir le squelette; on a retiré un morceau de fer, qui se trouvait du côté gauche; près du pied droit, un pot. (Hauteur 0·14 m., diamètre de l'orifice 0·095 m., au milieu 0·12 m., au pied 0·075 m.)

No III. Le squelette avait entre les pieds un pot. (Hauteur 0·10 m., à l'orifice 0·09 m., au milieu 0·11 m., au pied 0·065 m.) Le tombeau n'a pas été fouillé entièrement.

No IV. (Longueur 1·75 m., largeur 0·55 m.) Tout le contenu, pourri.

No V. (Longueur 2·50 m., largeur 0·80 m.) Les os dans une position naturelle, dans la direction du nord au sud; les bras placés le long du corps, ont été envoyés par M. MIHÁLDY au Musée National avec le pot dont l'orifice se trouvait entre les mâchoires du squelette.

No VI. (Longueur 2·25 m., largeur 0·85 m.) Le squelette avait 1·75 m. de longueur, au bassin 0·39 m. de large; aux genoux 0·25 m., aux pieds 0·23 m., aux épaules 0·45 m. Dans la main droite, un couteau de fer; sous le sacrum un anneau de fer; le pot à côté du pied gauche. (Hauteur 0·125 m., à l'orifice 0·11 m., au milieu 0·125 m., au pied 0·075 m.

No VII. (Longueur 2·20 m., largeur 0·70 m.) Longueur du squelette 1·45 m. Le pot à côté du pied gauche.

No VIII. (Longueur 1·80 m., largeur 0·65 m.) Le squelette tenait fermement un pot dans ses mains; à côté se trouvaient les os d'un oiseau.

No IX. (Longueur 2·15 m., largeur 0·75 m.) Le squelette mesurait 1·75 m.; la largeur aux épaules 0·35 m.; à la hanche 0·28 m.; il tenait un couteau de fer dans la main gauche; sur l'épaule gauche il y avait un anneau de fer; à côté du pied droit, un pot. (Hauteur 0·15 m.; à l'orifice et au milieu 0·12 m.; au pied 0·06 m.) La tête était tournée vers le sol, comme s'il avait voulu le mordre. Les autres parties étaient dans une position naturelle; une partie de mâchoire et quelques dents se trouvaient auprès du pot. (M. le curé ne m'a pas dit, si ces fragments appartenaient au même corps, ou non.)

No X. (Longueur 2·10 m., largeur 0·85 m.) Le squelette mesurait 1·60 m.; la distance entre les genoux 0·45 m.; à un des doigts de la main droite il avait une bague en fil de bronze ou de cuivre; dans la main gauche il tenait un couteau en fer; à la hanche, trois anneaux de fer, l'un à côté de l'autre; la bouche était contractée vers l'oreille gauche à côté de laquelle gisait le pot. (Hauteur 0·095 m., diamètre de l'orifice 0·10 m., du milieu 0·115 m., du pied 0·08 m.)

Tels sont les résultats des premières fouilles; au bout du carré, on voyait les têtes de deux fosses.

Les dessins et tous les objets trouvés ont été envoyés au Musée National par M. MIHÁLDY.

Les fouilles que l'on a continuées ont donné le même résultat que les premières.

Dans le tombeau n° XI (longueur 1·15 m., largeur 0·40 m.) le squelette a été trouvé à la profondeur de 1·45 m., dont 1 mètre d'alluvion et 0·45 m. de terre formant le sol primitif. La longueur du squelette était de 0·84 m. ; aux épaules la largeur était de 0·19 m. Un pot se trouvait placé sur son genou.

N° XII. (Longueur 2·40 m., largeur 0·90 m.) Dans ce tombeau le corps était à 2·75 m. de profondeur, c'est-à-dire sous 1 mètre d'alluvion et 1·75 m. de sol primitif. Il avait 1·77 m. de longueur ; sa largeur aux épaules était de 0·41 m. On a trouvé deux dents sur son ventre ; sur l'épaule gauche se trouvait un pot. (Hauteur 0·14 m., diamètre de l'orifice 0·12 m., du pied 0·07 m.) A un doigt de la main gauche, une bague en spirale ; à côté des deux épaules, des fibules de bronze, et auprès des fibules de droite, quelque chose qui ressemble à un bouton en soie ; enfin, dans la main droite, un couteau en fer.

N° XIII. (Longueur 2·00 m., largeur 0·40 m.) La profondeur égale à celle du n° XII. La longueur du squelette 1·80 m.; aux épaules, la largeur 0·36 m. La position était régulière ; le visage tourné vers le ciel. A droite, auprès du radius, il y avait un couteau de fer, la pointe dirigée vers les pieds, et le tranchant tourné du côté de la tombe. Sur le ventre, on a trouvé un anneau de fer. Les doigts du pied droit étaient cachés dans le pot placé sous le pied.

N° XIV. (Longueur 2·24 m., largeur 0·70 m.; prof. comme le précédent.) Longueur du squelette 1·75 m., largeur aux épaules 0·37 m. La tête était penchée du côté gauche et le visage dirigé vers le côté droit ; la position régulière, du reste. A l'oreille droite, un pendant d'oreilles en bronze, terminé par une perle bleue. A côté de l'épaule gauche, un couteau en fer ; au petit doigt de la main gauche, une bague en bande de bronze. La partie inférieure du bras, à partir du coude manquait. A côté du genou gauche il y avait un fusaïolle, couleur rouge-brique ; le pot était un peu plus bas que le genou droit ; plus haut, le squelette d'un oiseau. Le pot avait en hauteur 0·11 m., de diamètre à l'orifice 0·115 m., le plus grand diamètre 0·12 m., au pied 0·07 m.

N° XV. (Longueur 1·54 m., largeur 0·60 m.) Tombeau d'enfant. Le pot était à côté du pied gauche et renfermait des charbons. L'incinération du corps avait eu lieu probablement, car on n'a pas même trouvé une seule dent. Le pot avait 0·95 m. de hauteur; le diamètre de l'orifice 0·10 m., au ventre 0·115 m.; à droite du crâne on a recueilli du fer.

N° XVI. (Longueur 1·50 m., largeur 0·60 m., prof. comme les précédents.) La longueur du squelette 0·75 m.; position régulière; les dents montrent que c'était le corps d'un enfant. A côté du pied droit se trouvait le pot posé debout; au pied gauche un bouton en fer, forme de campanule, et au-dessous un fusarolle.

N° XVII. (Longueur 1·75 m., largeur 0·60 m., prof. comme le XVI.); position régulière du squelette (longueur 1·18 m.); autour d e la hanche droite, un anneau de fer; à côté du genou gauche, un simple petit fusarolle; au cou un rang de perles; à l'oreille, un pendant d'oreilles avec une perle.

N° XVIII. (Longueur 2 m., largeur 0·50 m., prof. comme au XI.) La tête tournée vers l'épaule gauche, la mâchoire contractée; et les vertèbres entre les mâchoires. La longueur du squelette était de 1·50 m.; aux épaules la largeur 0·28 m. Sous l'épaule droite un anneau de bronze. Le pot couché sur le genou droit était retenu par les mains. La mâchoire supérieure seule a des dents; à côté des oreilles, des boucles d'oreilles simples.

N° XIX. Une sépulture (?) circulaire de 1·50 m. de diamètre. Hors une défense de sanglier, on n'y a rien trouvé.

Il est à remarquer que, dans tous ces tombeaux, les ustensiles et les ornements sont d'une extrême simplicité et accusent la grande pauvreté du pays. Non-seulement il n'y a point d'armes, mais même les instruments de pêche y manquent jusqu'à présent; néanmoins comme ces tombeaux sont tous égaux et dans un ordre régulier, cela nous fait supposer qu'il y a eu là bien avant les Romains un hameau habité pendant longtemps, et dont on ne trouve aucune trace, quoique tout près de là, à Árpás, on ait découvert des vestiges de constructions romaines, et que l'on trouve une quantité de monnaies portant une date postérieure au quatrième siècle de notre ère.

Nous espérons que ces fouilles seront continuées un jour et qu'elles nous fourniront des objets qui nous ser-

viront de renseignements pour mieux déterminer les données que nous avons acquises jusqu'à présent.

*

C'est ici, je crois, qu'il est à propos de faire mention
des poteries dont nous donnons les dessins ci-dessous, et
dont la provenance n'est pas bien déterminée.

Il y a quelques années qu'un archéologue amateur, de

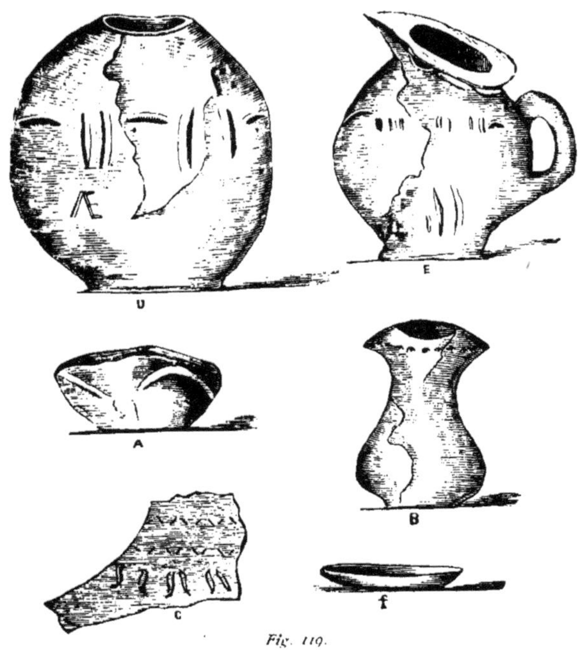

Fig. 119.

Kurgya, comitat de Zala, m'a adressé quelques dessins
de poteries d'une forme étrange, auxquels je ne prêtai
alors qu'une médiocre attention. Mais après avoir vu les
urnes de Muhi (Borsod) semblables à B et E, et les
urnes allemandes à figures d'homme, (Gesichtsurnen) il
m'a semblé trouver à l'urne D quelque ressemblance avec
une figure humaine; les lignes courbes horizontales repré

sentent les yeux; les deux perpendiculaires, le nez; et les lignes assez semblables à un AE, la bouche: les traits que l'on voit du côté du dessin, pourraient être les oreilles du visage opposé, en supposant qu'il y en ait un.

Depuis, j'ai fait rechercher, par l'administration et par la voie des journaux du Comitat, la personne qui m'avait fait cette communication; mais, jusqu'à présent, tous mes efforts pour connaître mon amateur ont été vains. Espérons que nous le retrouverons un jour, ou que, du moins, nous pourrons entrer en possession des urnes qui ont servi de modeles à ses dessins.

*

De *Tisza-Szöllös*, M. le curé Tariczky nous raconte des choses extraordinaires concernant *le chevalier à la cuirasse d'or*, qui a été découvert en 1839 le 13. août au lieu dit : *Nagy-Aszó-part* et dont la découverte a causé un grand émoi dans tout la voisinage, comme si l'on avait trouvé une nouvelle Californie.

Les objets trouvés sont : deux spirales en fil d'or, un bracelet, le plastron de la cuirasse avec un trou au milieu, le casque que le peuple a appelé, bonnet d'or; ces objets étaient en or battu. L'épée à poignée en or et à lame en forme de feuille était en bon état. Puis, plusieurs boucles en or dont l'une pesait 0·45 décagrammes, ainsi que cela a été constaté à Tisza-Füred; en outre, douze paires de boucles en forme de 8, dont six grandes et six petites; la partie épaisse des grandes était ornée d'une petite boule; puis, une vis en or, deux morceaux de bijoux avec des marques de la grandeur du pouce; des témoins disent que ces marques avaient la forme de la poignée d'une caisse, ce qui nous fait croire que c'étaient des fibules; à peu près 40 bagues en or et autant d'agrafes, une quantité de paillettes et des glands en or avec des lignes en spirales.

Tous ces objets, dit M. le curé, n'annonçaient pas

un art plus avancé que celui de nos Tsiganes qui travaillent le fer. Ajoutons encore des perles en verre, des
agrafes en os, puis une tasse en silex, dit-on, au milieu
de laquelle on a observé des vestiges d'ustion. Les trou-
veurs l'ont cassée en deux et en ont pris une moitié
qu'ils ont brisée en plusieurs morceaux, pour s'en servir
en guise de pierre à feu.

Le chevalier avait été enseveli avec son cheval. M. le
curé a donné le crâne du célèbre chevalier à *l'archevêque
d'Eger*, pour le Musée du Lycée.

En 1842, l'avocat du trésor n'a obtenu que quelques
pièces de fer rouillé et des morceaux de poteries qui ont
été déposés à la trésorerie de Bude. Les pièces en fer
démontrent que la trouvaille dont il est question, date
d'une époque relativement récente.

*

Du reste, sur la berge, nommée *Nagy-Aszó*, de la
Tisza morte, Holt-Tisza, il y a un grand cimetière païen
dont l'étendue est d'à peu près 4000 mètres. C'est là que
le peuple allait s'approvisionner de briquets.

*

A *Tisza-Eörvény* sur la rive de la Tisza morte que
l'on appelle ici Morotva, il y a aussi un cimetière païen
dans lequel les ustensiles trouvés sont presque tous en fer.

La plupart des tombeaux ont la forme de silos; l'intérieur en est assez lisse; leur profondeur est de 2·85 m.

Les couches se suivent à peu près comme à l'*Ásott-
halom*, mais elles sont plus courtes et moins larges. Les
coquilles ne s'y trouvent que sporadiquement. C'est dans
ce cimetière, dit M. Tariczky, que j'ai trouvé pour la
première fois des poteries qui, au lieu de lignes creuses
ont des bandes peintes en rouge.

On voit au fond du tombeau la cavité dans laquelle
était déposé le grain sur une terre friable; près de là,
du côté du nord, le pot qui renfermait les aliments; à

l'ouest sont les os, pour la plupart des os de porcs, sur lesquels sont placées des urnes à cendres.

Du côté-est sont amassées de petites pierres surmontées de trois ou quatre autres plus grandes et rougies par le feu sur lesquelles avait été dressé le bûcher.

Différents ustensiles de fer rouillé étaient au milieu du tombeau, entre autres un morceau de la lame d'une épée, soudée par la rouille à une poterie.

Il n'y a pas un seul tombeau dans lequel on n'ait recueilli des dents de chevaux, des écailles et des pierres à aiguiser.

A l'exposition des objets trouvés par M. le curé Tariczky étaient aussi représentées, par les ustensiles en pierre et en bronze qu'elles avaient fournis, les localités suivantes : Egyek, Örs, Igar, Eörvény, Tisza-Ders et Tisza-Roff; mais toutes ont été surpassées par Tisza-Szőllős, où l'on a trouvé une quantité de pots de formes variées, et, à un même endroit, dix gobelets en terre cuite avec autant de couteaux en obsidienne.

Sur le même territoire à Pernyés ou Temetés-hát, au sud-ouest de la rive de la Holt-Tisza, il y a une tuilerie, où l'on a découvert des tombeaux dans lesquels, sous chaque crâne de squelette, il y avait un couteau en silex taillé. Au milieu de la tuilerie sont les tombeaux en forme de silos, dont les parois unies sont d'argile brûlée. A la profondeur de 0·63 m., il y avait 2, 3, 4 urnes placées sur des amas d'ossements près desquels était un crâne isolé, dans la direction de l'orient et recouvert.

C'est dans un tombeau semblable à ceux-ci que j'ai trouvé, au lieu du couteau en silex taillé, une petite lame de couteau en cuivre. Les dernières fouilles que j'ai faites n'ont rien produit; peut-être les tombeaux que j'ai fouillés étaient-ils des tombeaux de femmes ou d'enfants?

A *Aponhát* (sur le territoire de *Poroszló*), près de la Tisza, sur la rive droite, M. Tariczky a trouvé deux fokos (hachette) en bois de cerf, une faucille en bronze, des fusaïolles, plusieurs jouets d'enfants, des ustensiles en pierre, des nucléus, des couloirs, une truelle, une urne noire avec un vernis de plomb (graphitée); l'urne était renversée.

Les tombeaux de cette localité sont ovoïdes, remplis d'une matière facile à fouiller, et éloignés les uns des autres de 2 à 3 m.; quelques-uns cependant sont plus rapprochés, par exemple à *Pernyéshát*, ils sont serrés les uns auprès des autres.

Dans les autres tombeaux que M. Tariczky a fouillés dans les localités situées sur les bords de la Holt-Tisza, il a trouvé de petites poteries, des jouets d'enfants, de la terre rouge brûlée, près de Tisza-Eörvény, aux environs de Homok-Csárda; cette terre a conservé les vestiges des branches comme on en met à l'intérieur des fourneaux dont le peuple se sert encore chez nous aujourd'hui et qu'il appelle Banya-Kemencze, four des vieilles. Ces tombeaux dont le sol était brûlé et qui contenaient des tessons, avaient la forme d'un O dont la cime aurait été coupée, et mesuraient 1·70 m.

*

A *Lócz* (Pozsony), dans la propriété de M. Antoine de Prileszky, on a découvert un cimetière à urnes, d'où le Musée National a reçu 5 urnes noires recouvertes d'un vernis de plombagine (graphitées). Elles contenaient une grande quantité d'objets en bronze et en fer; en outre, plusieurs petites poteries et des perles en verre, les unes bleues, les autres vertes.

*

Sur le territoire de *Lucska* (Ung), près de la métairie nommée *Na Planyok* on a trouvé différentes poteries qui appartiennent maintenant au comte Antoine Sztaray. Elles ont été exposées pendant la durée du Congrés et sont décrites dans le Catalogue de M. Hampel, p. 10;

l'une d'elles, la plus remarquable est photographiée dans les Antiquités préhistoriques. *Pl.* XX, n° 18.

Dans une petite urne en argile, de forme très-primitive on a trouvé 100 pièces de monnaie romaine, de Vitellius à Septime-Sévère. L'endroit où l'urne a été découverte se nomme Csecsehó (Ung). (Voir : la lettre de M. le curé-doyen NIC. VALKOVSZKY, n° 152.)

*

Pilin (comitat de Nógrád), a acquis une grande célébrité comme propriété de la famille Kubinyi dont les deux frères ont été les premiers qui ont commencé à diriger l'attention du pays vers l'Archéologie préhistorique. L'ainé, *François* a d'abord exploré cette localité, puis MM. ÉRDY, et le peintre Kis, conservateurs au Musée National y ont été envoyés; enfin le baron EUGÈNE NYÁRY y a fait faire des fouilles pendant plusieurs années et y a entretenu des ouvriers chargés de remuer le terrain partout, pour en extraire les antiquités.

La description de ces fouilles avec des illustrations a été communiquée à l'académie des sciences hongroise par M. Jean Érdy. (Voir: *Arch. Közl.* VIII. II, 73.)

A *Borsoshegy* près de Pilin, il y a des pierres formant des amas de 3 m. de longueur sur 2 m. de largeur. Parmi ces pierres, dit l'auteur, nous avons trouvé des morceaux de chaux et trois vases, à une place où semble avoir eu lieu la crémation d'un corps, des morceaux de cuivre, du verre brûlé &c. . . . mêlés à des cendres et à des os calcinés.

Nous y avons aussi trouvé des poteries cassées pour la plupart, des instruments en bronze, et parmi les objets d'ornement il y avait des coquillages de la famille des bulimes que l'on employait en guise de perles.

M. Érdy ici a remarqué trois modes d'ensevelissement: *a)* on brûlait les cadavres; les restes recueillis étaient

mis dans des urnes qu'on recouvrait de pierres; *b)* on
brûlait les cadavres; les restes étaient déposés dans de
grandes urnes que l'on couvrait de plats ou qu'on laissait
ouvertes, mais à côté desquelles on trouve ordinairement
des urnes plus petites; *c)* les corps étaient brûlés et les
restes étaient recueillis dans des urnes, excepté la tête,
qui avait été coupée avant l'incinération et qu'on ensevelissait. De ce mode d'ensevelissement M. Érdy tire la
conclusion (si ses observations sont exactes) que ce cimetière a dû appartenir à des Scythes, et pour le prouver,
il fait montre d'une grande érudition durant plusieurs
chapîtres.

*

A *Lapujtö* (dans le même comitat de Nógrád), sur le
Pókahegy, M. le baron EUGÈNE NYÁRY, en 1870, ayant
remarqué une quantité de rebuts de repas qui trahissaient
l'ancienne place d'un etablissement barbare, pensa avec
raison que le cimetière ne devait pas être loin de là.
En effet, à *Czinegéshegy*, il a découvert les pierres indicatrices au dessous desquelles était un tombeau surmonté
d'un amas de pierres comme on en avait découvert à Pilin.
Dans l'intérieur il y avait huit grandes urnes et huit
petites disposées, comme on avait déjà eu l'occasion de
le remarquer ailleurs, sur deux ou trois rangs. Quelques
objets de bronze ont été recueillis dans ce tombeau, qui
avait 3 m. de longueur, 1·63 m. de largeur, et était à
0·32 m. de profondeur.

Un autre tombeau, également formé d'une accumulation de pierres, et dont la longueur était de 3·63 m.
sur 2 m. de largeur, à la même profondeur que le premier ne contenait que des tessons et quelques objets en
bronze.

Dans un troisième tombeau, on a trouvé une grande
urne et trois petites. La grande couverte d'un plat, renfermait des os calcinés et un rasoir en bronze. Voir:

Arch. Ért. III, 7; et *Arch. Közlem.* II, 102 par François Kubinyi.)

*

A *Erdö-Kürth* (comitat de Nógrád) à côté de la route qui conduit à *Acsa* (comitat de Pest) on a découvert un cimetière à urnes de l'époque du bronze. M. Jules Melczer, ministre protestant, y a levé plusieurs squelettes couchés dans la direction de l'orient. Dans chaque tombeau il y avait de petits pots, des tessons de grandes urnes mal. cuites, une bague et un bracelet en bronze. A côté des pieds d'un des grands squelettes on a trouvé dans une cavité environ deux litres de graines de millet. Cette cavité était à deux mètres de profondeur et n'avait aucune communication avec l'extérieur. (Voir : sa lettre n° 1331.)

Pour terminer, nous joignons ici la liste des cimetières dont, jusqu'à présent nous avons connaissance :

COMTÉ D'ÁRVA.

Felsö-Kubin, ♴, la carte du Comitat.

COMTÉ DE BÁCS.

Kara-Tukova, ♴. Jk., XIII, 84.

COMTÉ DE BARANYA.

Makárhegy, près de *Pécs*, ♴ et ♄, l. de M. Ant. Horváth, l. n° 850.

Pécs (Póstavölgy), ♴. *Ibid.*

COMTÉ DE BARS.

Szabolcs, ♴. *Ibid.*

Vezekény, ♴, l. de M. Marossy, n° 112.

Zselész, ♴. *Ibid.*

COMTÉ DE BÉKÉS.

Gyula, cinq, ♴. Voir la carte.

COMTÉ DE BEREG.

Klucsarka, ♄. Voir la carte.

Nagy-Lucska, ♄. *Ibid.*

COMTÉ DE BIHAR.

Nagy-Várad, ♄, la Communication de M. Gyalókay, n° 806.

Sarkad, ♄. *Ibid.*

COMTÉ DE BORSÓD.

Borsód, ♴, l. de M. Butykai, n° 703.

Cserépfalu, ♴. A.É., IV, 78 (l. 525 a).

Czenter, ♴. *Ibid.*

Domaháza, ♴. A.É., IV, 117 (l. 525 a).

Emöd, ♴, (l. 525 a).

Igricz, ♴. *Ibid.*

Miskolcz, ♴. *Ibid.*

Mohi, Szakáldomb, ♴, v. la carte

du comitat, et la lettre de M.
le professeur A. Vochler, n° 379
et 525 a.

Ó-Huta, ⚱. Arch. Közlem., III,
179, 525 a.

Sajó-Ecseg, ⚱, (l. n° 703.)

Sajó-Németi, ⚱. *Ibid.*

Sály, ☉. *Ibid.*

Entre *Szalonta* et *Emöd*, ⚱. Voir
la carte.

Szendrö, ⚱, (la l. 525 a).

Szihalom, ☉, Századok 1870,
431; A.É., III, 137, 165; l. de
M. Foltiny, n° 1216, 525 a.

Szirma-Bessenyö, ⚱, (l. 5 25 a).

Vámos, ⚱. *Ibid.*

COMTÉ DE CSONGRÁD.

Szegvár, ⚱, ☉, l. de M. A. Bécsi,
n° 234.

Szentes, ☉, à Tüzköves, l. de
M. Szivós, n° 893.

COMTÉ D'ESZTERGOM.

Nagy-Sáp, ☉ (?). A.É., VII, 165.

COMTÉ DE FEHÉR.

Alcsúth, ☉, décrit par S. A. J. R.
l'archiduc Joseph, A.É., III,
164; IV, 254, 286; VI, 248; et
la lettre de son Altesse Royale,
n° 156.

Alsó-Besnyö, ⚱, l. de M. E.
Kammerer.

Baracs, ☉, les squelettes étant
assis. Jk.

Báránd, ⚱. Arch. Közl., II, 296.

Tinód (Sár-Bogárd), ☉. A.É.,
VII, 55, 81.

Vál, ⚱ Jk. XII, 143, 147.

COMTÉ DE HAJDU.

Egyek, ⚱, l. de M. Kiszelák,
n° 699.

COMTÉ DE HÁROMSZÉK.

Al-Doboly, ⚱, Orbán B., Székelyföld, III, 36.

COMTÉ DE HEVES.

Hatvan, ⚱, l. de M. J. Sperlágh,
n° 627, 877.

Poroszló (Aponhát), ⚱, l. de M.
Tariczky, n° 824.

Tisza-Földvár, ⚱. Jk., XXV, 114.

Tisza-Füred, ⚱. A.É., III, 165;
l. de M. Tariczky, n° 824, 1252,
1268; la feuille *Karczag*, n° 17
et sequ.

Tisza-Örvény, ⚱, ☉, l. n° 824.

Tisza-Szöllös, ⚱. *Ibid.*

COMTÉ DE HONT.

Dományik, ⚱, l. de M. Boleman,
n° 807.

COMTÉ DE HUNYAD.

Nándorvályа, ☉, lettres de Mlle
Torma, n° 34, 168, 285, 329,
411, 738, 826, 1329.

Tordos, ☉. *Ibid.*

COMTÉ DE JÁSZ-NAGY-KÚN-SZOLNOK.

Szelevény, Demeterpart l. Terramare!'

COMTÉ DE KOMÁROM.

Kisbér, ☉. Jk., XXIV, 172.

Nagy-Lél, ⚱. Jk., XXXI, 97;
l. de M. Adr. de Végh, n° 668.

Piszke, ⛼. Jk., XXII, 122.
Sz.-Péter, ⛼.

COMTÉ DE LIPTÓ.

Andrásfalva, ⛼. Voir la carte du comitat.
Liptó-Ujvár, ⛼. *Ibid.*
Magyarfalu, ⛼. *Ibid.*
Sz.-Mihály, ⛼. *Ibid.*

COMTÉ DE MOSONY.

Köbánya, ⚱, l. de M. le curé Lad. Kisfalvi, n° 91.
Nyulas, ⚱. *Ibid.*
Somorja, ⚱. *Ibid.*

COMTÉ DE NÓGRÁD.

Farkasalmás, ⛼. Voir la carte de Szécsény.
Lapujtö, ⛼. A.É., III, 5.
Pilin, ⛼. A.É., I, 266; II, 226; III, 126; A.K., VIII, 73; Századok, II, 347.
Pöstény, ⛼. Voir la carte.
Romhány, ⛼. *Ibid.*
Sós-Hartyán, ⛼. *Ibid.*
Szécsény, ⛼. *Ibid.*
Sztregova, ⛼. A. K., II, 292.
Trázs, ⛼. Voir la carte.

COMTÉ DE NYITRA.

Privigye, ⛼, l. de M. Drahotuszky, n° 155.

COMTÉ DE PEST.

Acsa, ⚱, lettre de M. Melczer, n° 1331.
Aszód, ⛼, Érdy, Akad. Értesitö, 1854.
Bugyi, ⛼. l. de M. Et. Békey, n° 918.
Délegyháza, ⛼. *Ibid.*
Duka, ⛼.
Kelenföld, ⚱. A.K., II, 29.
Péczel, ⛼.
Pereg (Virágos-), ⛼. Jk., XXXIX, 76.
Sári, près d'Ócsa, ⚱, ⛼. Jk., XIII, 84; l. de M. Et. Békey, n° 918.
Soroksár, ⛼, l. n° 918.
Sz.-Endre, ⛼, ⚱.
Sz.-László, ⛼. Jk., XIII, 196.
Szeremle, ⛼. Jk., XXIV, 140.
Tököl, ⛼.
Törtel, ⛼, l. du M. Huber Béla, n° 25.
Valkó, ⚱, l. de M. Huber Béla, n° 945.
Varsány, ⛼. A.É., III, 22.

COMTÉ DE POSON.

Entre *Lamacs* et *Besztercze* ⛼. A.K., II, 296.
Lőcz, ⛼. M. Jk.

COMTÉ DE SOMOGY.

Ádánd, ⚱. Jk., XXXVIII, 191.
Köröshegy (Birka akol), ⛼. Jk., XXXVIII, 168.
Somogyvár, ⚱. *Ibid.*
Visz, ⚱. *Ibid.* 189, avec des bronzes.
Zimand, près de Zamárdi, ⚱, XXXVIII, 165.
Zamárdi (Köhegy), ⛼. Jk., XXXVIII, 163.
Zich (Diós), ⛼. Jk., XXXVIII, 168.

COMTÉ DE SOPRON.

Közép-Bükk, ⚱. Voir la carte.
Sobor, ⚱. Jk., XXXVIII, 146.; l. de M. Miháldy. n° 80, 648,

COMTÉ DE SZABOLCS.

Anarcs, ☙. A.É., III, 221.

Eszlár, ☙. Voir la carte.

Hugyaj, ☙. A.É., III, 173.

Kenézlö, ☙. Voir la carte.

Kis-Várda, ☙, ☙. A.É., III, 21, 217.

Ptrügy, ☙. Voir la carte.

Takta-Kenéz, ☙. l. de M. Baráti. nº 822.

COMTÉ DE SZILÁGY.

Ér-Hatvan, ☙. Voir la carte.

Hadad, ☙. *Ibid.*

Sz.-Péterfalva, ☙. *Ibid.*

COMTÉ DE TEMES.

Fehértemplom, ☙. A.É., VII, 170.

COMTÉ DE TOLNA.

Dunaföldvár, ☙. Jk., XI, 71.; XIII, 110.

COMTÉ DE VESZPRÉM.

Bakonybél, ☙, ☙. l. de M. Louis de Kálóczy, nº 628; et de M. l'abbé Sárkány, nº 603. 872; et de M. le curé Miháldy, nº 713.

Csetény, ☙. Voir Rómer, Bakony

Dolosd, ☙. *Ibid.*

Felsö-Örs, ☙. Jk., XXXVIII, 200.

COMTÉ DE ZEMPLÉN.

Mád, ☙. l. de M. le dr Óváry, nº 760.

www.ingramcontent.com/pod-product-compliance
Ingram Content Group UK Ltd.
Pitfield, Milton Keynes, MK11 3LW, UK
UKHW021640170726
13836UKWH00005B/2297